旅游文化产品创新设计与开发策略

于泳　尚凯◎著

北京工业大学出版社

图书在版编目（CIP）数据

旅游文化产品创新设计与开发策略 / 于泳，尚凯著
. — 北京：北京工业大学出版社，2018.12（2021.5 重印）
ISBN 978-7-5639-6021-7

Ⅰ. ①旅… Ⅱ. ①于… ②尚… Ⅲ. ①旅游产品－产品设计－中国②旅游产品－产品开发－中国 Ⅳ. ① F592.6

中国版本图书馆 CIP 数据核字（2019）第 012523 号

旅游文化产品创新设计与开发策略

著　　者：于　泳　尚　凯
责任编辑：刘亚茹
封面设计：陈树璇
出版发行：北京工业大学出版社
（北京市朝阳区平乐园 100 号　邮编：100124）
010-67391722（传真）　bgdcbs@sina.com
经销单位：全国各地新华书店
承印单位：三河市明华印务有限公司
开　　本：787 毫米 ×960 毫米　1/16
印　　张：11.75
字　　数：209 千字
版　　次：2018 年 12 月第 1 版
印　　次：2021 年 5 月第 2 次印刷
标准书号：ISBN 978-7-5639-6021-7
定　　价：52.00 元

前言

随着社会经济的高速发展及旅游的日趋大众化，我国的旅游行业也进入了快速发展的时期，这促进了旅游市场的需求量的井喷，同时大量的旅游产品的出现也导致竞争日益激烈。游客对旅游产品需求趋于个性化和多样化，旅游产品开发的多元化必然成为旅游业发展的客观要求。旅游文化产品的开发与设计与旅游业发展息息相关，反映着人类文明的进程以及人类与自然的关系。优秀的旅游文化产品源于艺术与文化、艺术与工艺、艺术与材质的完美融合。每一个景区的品味和内涵，都会随着高水准旅游文化产品的开发而得以辅助提升；每一个旅游产品作坊或企业的经济效益，都离不开高艺术水准旅游工艺品热销的维系；每一个游客的美好回忆，都离不开对特色旅游文化产品的审美回味。

因此，在需求不断增长并日趋多样化的旅游市场的条件下，只有加强旅游产品开发和创新，才能在竞争激烈的旅游市场环境中保持优势。在这样的大背景下，旅游文化产品的创新设计与开发策略就显得越来越重要。我国设计教育，经过几十年的发展正逐步走向成熟。旅游文化产品设计作为设计活动的子对象，在倡导旅游业持续健康发展的今天，旅游文化产品设计对旅游发展的作用日益明显。对此，本书对旅游文化产品的创新设计与开发策略进行研究，通过创新理论与实践应用的结合，对文化进行系统地要素整合、分析与提炼，获得创意设计方法，完成相关旅游产品的设计与开发等方面，力求做出全方位阐述。

本书共六章，第一章对旅游产品的基本概况进行了阐述，包括旅游产品的概念与构成，旅游文化产品特征，旅游文化产品的作用，旅游文化产品的发展现状。第二章对旅游文化产品设计开发内因进行了论述，包括旅游文化产品设计的动因，旅游文化产品设计满足旅游需求，旅游文化产品设计的原则。第三章讨论旅游文化产品创新与创意设计理论，包括旅游文化产品创新理论，旅游文化产品创意的语意传达，旅游文化产品的情感传达。第四章讨论旅游文化产品创新设计，包括旅游文化产品创新思路与方法、创意时尚型旅游产品设计、基于民俗文化旅游产品的设计、基于传统手工艺的旅游文化产品设计。第五章探讨旅游文化产品设计评价方法，包括评价目标与原则，基于文化旅游资源角度的评价，基于旅游文化产品基本特征的评价，基于消费者、生产者、设计者角度的旅游文化产品设计评价指标、基于服务角度的评价。第六章探讨了旅游文化产品设计开发策略，包括旅游文化产品开发的理论基础，旅游文化产品设计开发策略等内容。

本书由齐鲁工业大学（山东省科学院）于泳副教授，山东交通学院尚凯博士共同撰写。在撰写本书的过程中，得到了许多专家学者的帮助和指导，参考了大量的相关学术文献，在此表示真诚的感谢。本书内容系统全面，论述条理清晰、深入浅出，力求论述翔实，但因作者水平有限，书中难免会有疏漏之处，希望同行学者和广大读者予以批评指正。

作者

2018 年 10 月

目　录

第一章　旅游文化产品概述

本书立足于旅游产品文化创意视角，将旅游产品设计融入旅游产业开发的大背景下，将文化旅游与旅游文化有机融合，在继承部分传统文化的同时又大胆革新，融入诸多时代要素的创新型旅游产品。本书将以旅游文化产品一词进一步区别于旅游产品大范畴中的传统旅游文化产品的概念。

第一节　旅游文化产品的概念与构成

一、旅游文化产品的概念

旅游产品是旅游体系中最重要的概念之一，由于从不同的研究目的、研究方法及不同的学科基础出发，对于旅游产品的认识就有所区别。所以，旅游产品的概念较为宽泛。从广义的角度来看，旅游产品是一个复合概念，从理论上将旅游产品指的是旅游者出游一次所获得的整个经历。对于旅游的人来说，旅游产品并不是常人理解中的为突出旅游当地文化被物化了的、可以被贩卖的物品和服务。广义一点说旅游产品是旅游的人在旅行过程中的所有经历，这个经历不仅包含物象和服务等的消费，同时也包含旅游过程中产生的内心想法和外在行为。不管是体验，还是物象或者是服务，旅游产品都可以认为是这三者之间相互渗透的结果；旅游产品的核心价值是体验旅游者兼具旅游产品生产者的身份；旅游经营者要想实现旅游产品的利益最大化，就不仅仅是为旅游者提供足够量的物象，充足的服务体验空间也是非常必要的。在旅游管理类学科中所谓的旅游业核心就是旅游产品，为了尽可能满足游客的不同需求，经营者就要从旅游中必需的食、住、行、游、购、娱等方面为游客服务，而这些物质和服务的总和就是广义上的旅游产品，用更精确一点的语言说是旅游商品。

对于旅游产品来说，这里我们主要是从产品创意的角度进行分析与探讨。在设计旅游产品的时候，不仅要考虑到产品的生产策略、产品的外观，还要对产品的结构功能等不同阶段进行系统深入设计和研究，使设计和生产出来的产品不仅能符合社会发展的需要，同时也具备一定的经济效益，还能满足消费者的使用需求和生产加工等各方面的全部要求。此时再对旅游产品下定义的时候，就应该排除不包含服务的实物及非实物，也就是说旅游产品首先应该具有一定的使用价值，出现在旅游活动的每一个环节，不管是旅游前的准备工作还是旅游过程中或结束后的服务及物品，这些都可以称为是旅游产品。如：旅游前期准备的适合本次旅行特色的、适合旅行目的地当地气候条件的服装、食品、药品；旅行者从出发地到旅行目的地所需的过渡性物品；旅游途中所需的生活用品、电子产品、短暂休息类的服务产品、多功能的收纳用品；在旅游目的地购买的旅游文化产品等等。

旅游文化产品更侧重将旅游产品与当地具有独特地域性的文化、风俗、历史等结合，地域文化是一个源远流长的动态系统，其内涵随着社会经济的发展不断发生流变。而地域文化及当地特有的生活方式是经过长时间的积淀形成的特定产物，是一种“记忆”和“文脉”，而承载地域“印记”的旅游文化产品，既反映出一个地区历史、传统和民俗的传承与延续，又随着地域文化形态的发展、演变而不断创新和丰富（图 1-1-1）。将旅游文化产品与游客游览的整个过程进行衔接，不仅使游客获得独特的旅行体验，同时为旅游经营者创造更高的利润，对于旅游目的地实施品牌战略、塑造特色鲜明的旅游形象，打造主题突出的旅游品牌，推动旅游业转型升级都具有重要意义。

图 1-1-1　运用潍坊嵌银髹漆技艺制作的潍坊风筝节旅游文化产品（高嘉欣）

这里所提到的旅游文化产品，既可以是一种创造利润的商品，也可以是一种弘扬当地文化的文化品。这种商品不仅是区域旅游文化的概括提炼的成果，集文化性、地域性、艺术性、纪念性、实用性、便携性等于一体，既可以满足旅游者的旅游消费需求，又能满足旅游商品的生活美学；既要引起旅游者的购买欲望，又要延续旅游者的情感记忆；既要符合地域文化特色，又要考虑实用性（图 1-1-2、图 1-1-3）。

图 1-1-2　潍坊风筝节旅游文化产品“门神干泡台”（胡欢）

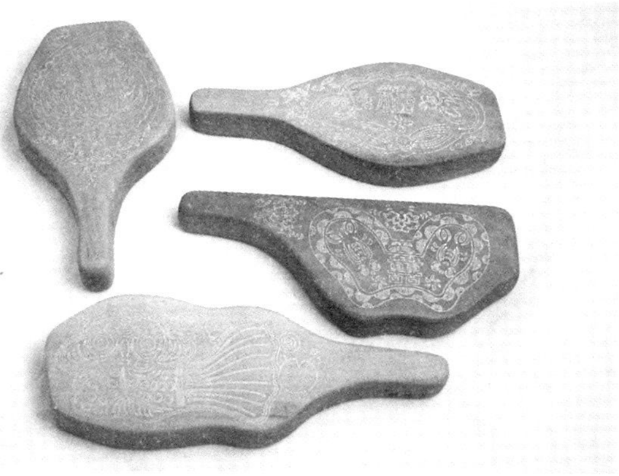

图 1-1-3　潍坊风筝节旅游文化产品“面卡子”（许春香）

对旅游文化产品的创新开发，首先要站在旅游消费者的立场上，将蕴涵当地文化、历史或文化元素与科技、创意、创新思维巧妙融合，形成可以与消费者形成完美互动的过程。成功的旅游文化产品应该具有独特的故事魅力及历史的文脉、明显地域特征、符合现代设计美学、适应新的生活品味等特质。

二、旅游文化产品的分类

分类是人类认识事物、掌握事物发展规律的重要方法。旅游文化产品的分类也具有重要的意义，主要体现在旅游文化产品的设计生产、流通、消费、管理和研究上。

（一）按旅游体系角度分类

在旅游体系中，将常规旅游分为观光旅游（满足游客游览自然风光、都市风情、名胜古迹等目的）；文化旅游（满足游客了解当地的风土人情、历史文化等的诉求）；商务旅游（旅游者以经营洽谈、会晤或信息交流等为主要目的）等。在旅游文化产品中会根据不同种类的旅游特点分为观光类旅游文化产品、文创类旅游文化产品、商务旅游类文化产品（图1-1-4至1-1-6）。

图1-1-4　香薰灯（魏长远）

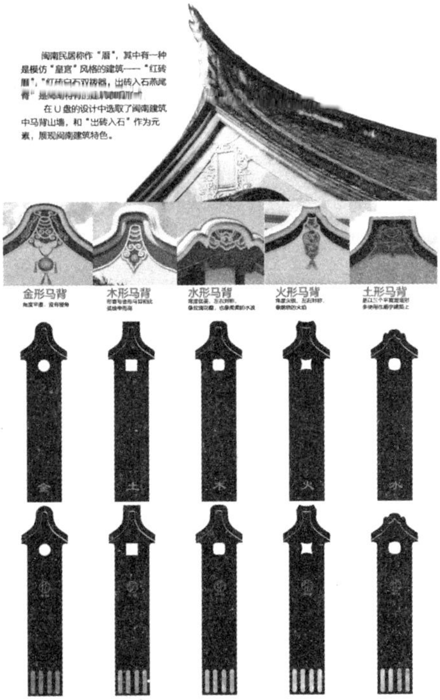

图1-1-5　闽南民居优盘设计

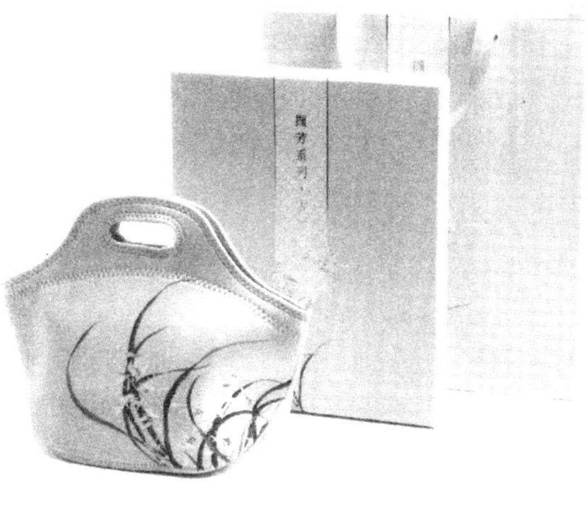

图 1-1-6　故宫文创古画时尚手拎包（百创文化）

（二）按呈现形式分类

按旅游文化产品最终的呈现形式可以分为仿制、复制类旅游文化产品、音像制品类旅游文化产品、图书资料类旅游文化产品、字画类旅游文化产品、工艺品类旅游文化产品（如图 1-1-7 至图 1-1-9）。

图 1-1-7　仿清嘉庆时期点翠莲花结子

图 1-1-8　埃及莎草画

图 1-1-9　创汇时期人物故事雕漆工艺鼻烟壶

（三）按产品价值分类

从旅游文化产品的价值角度可以分为以使用价值为主的旅游文化产品、以欣赏价值为主的旅游文化产品、以收藏价值为主的旅游文化产品、集使用、欣赏、收藏于一体的旅游文化产品（图 1-1-10）。

图 1-1-10 台湾翡翠镶嵌银柄放大镜

（四）按产品的价格分类

根据旅游文化产品所预设的目标人群及作用的不同所设计生产的产品在价格设定上也有所区别。可以分为面向商务旅游或入境旅游等高端游客为主的产品；主要面向中等收入阶层，为旅游目的地创收起到主要作用的旅游文化产品；不以创收为主要目的，以为旅游目的地的宣传广告为主的旅游文化产品。

（五）从产品设计的角度分类

在旅游产品设计体系中，可以将旅游文化产品分为基于民俗文化传统所做的创新性旅游文化产品（图 1-1-11）；在传统文化基础上进行设计的具有时代感、时尚前卫的创意时尚型旅游产品（图 1-1-12）；继承了原始文化特性，根植于民俗文化的传统手工艺类旅游文化产品（图 1-1-13）。

图 1-1-11　台南夜市棉布手工餐具包（摩 X 创意）

图 1-1-12　根据清代宫廷画家画作设计的十二美人磁铁书签（百创文化）

图 1-1-13　葫芦胎漆茶器

第二节　旅游文化产品特征

旅游文化产品不但要具备普通产品的一般属性，还要具备文化的多元性、设计的艺术性、价格的经济性、功能的实用性、情感的纪念性、携带的便捷性、在地性等区别一般商品的特征。既要满足游客在旅行过程中及旅行结束后的某些实用性能，还要满足游客的心理需求和精神诉求。

一、文化性的多元性

我国幅员辽阔，历史悠久，每个地区都有其独特的地域文化和民俗文化。随着 21 世纪“文化旅游热潮”的兴起，那些有着鲜明风格、独特奇异的民俗文化、地域文化、历史文化的旅游目的地成为优质的旅游资源。

旅游作为一种现代时尚的生活方式，旅游者追求的正是不同的文化体验和美好的回忆。而旅游文化产品作为一种特殊的载体，反映了不同地域、民族的文化内涵。游客在旅游的过程中既要体验当地的民俗风情，同时由于与旅游目的地的生活方式、思想观念的差异性，具有独特地方特色的旅游文化产品便很容易成为吸引游客购买的情感与回忆的承载物。相反如果一款旅游文化产品不能承载某一地区、民族文化特色，就成了无源之水，无本之木。所以，旅游文化产品的造型设计要深入挖掘本地文化，就像淘金，淘得越彻底挖得越深，可运用的文化创意就越多，旅游文化产品的文化内涵就越丰富，其纪念意义就越大（图 1-2-1、图 1-2-2）。

图 1-2-1　仿清宫手绣荷包

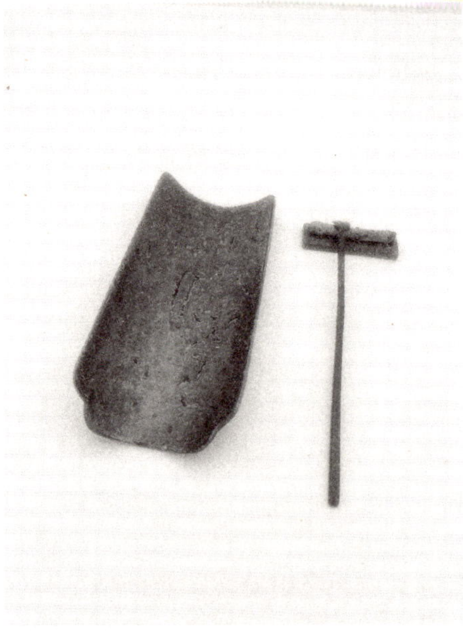

图 1-2-2　大漆茶则、茶匙（赵飞）

旅游文化产品运用特定的工艺、纹样、材质等，发挥着传达地域文化的符号作用，这种传达方式可以多种形式的，当地特有的文化的载体是多元的，可以是当地的特产、特色工艺品、当地耳熟能详的历史故事、代表人物等等，使人们在直观的形象中获得对地域文化的领悟和价值的体验，把理性商品变成感性商品。在旅游文化产品的设计中要先做文化深耕，再以文化灌注产业生命并提升产品的美学、质感与内容，通过外包装呈现产品新的生命力，同时提高品牌价值。

日本著名建筑设计大师安藤忠雄先生认为："创造不一定要否定传统，而是撷取传统的优点善加运用。"成功的旅游文化产品设计应在题材、材质、工艺上都带有旅游目的文化特征，体现当地的传统风格与文化内涵。因此，同质化的旅游文化产品造型，缺少独特的辨识度，使人产生认知的混乱甚至形成误导，降低了旅游文化产品的价值和意义。在一定程度上，旅游文化产品的设计应着重的文化性的设计会使其获得更鲜明的文化标识性，更易于与游客的旅游体验形成共鸣，被游客接受。

我国幅员辽阔又拥有众多的民族，一方水土养育一方人，自然也形成了不同的地域文化，不同的地域具有不同特色的丰富多彩的地域与民族文化，传统手工艺产品在旅游文化产品中一直占很大比例的，而传统手工艺产品往往是与特定的文化传统和习俗联系在一起的，它满足了当地人的日常生活习惯，具有独特的人文价值，很容易引起游客的购买欲望，但是传统手工艺是以个人经验和传统为基础的，产品具有较大的封闭性和保守性，很难适应从现代人的生活方式，这是传统手工艺品作为现代旅游文化产品所欠缺的。在现代旅游文化产品的生产中，要将产品的文化性、地域性与社会需求的多样性和发展性结合起来。把社会的进步、经济、文化的进步有机凝结在物质形态的旅游文化的产品之中。尤其要把握各种文化的独特性与时代性，并在设计中凸显出来（图 1-2-3、1-2-4）。

图 1-2-3 微宇天目陶瓷系列产品（多有企业社）

图 1-2-4　傲宇天目茶杯（王多智）

二、设计的艺术性

设计的艺术性是指旅游文化产品的整体设计构思奇特、赏心悦目，能给人带来精神的愉悦。旅游文化产品是旅游产业发展到一定阶段的必然产物。旅游文化产品是伴随在旅游活动中满足旅行者的情感需求而产生的，在具有实用价值的同时还要具有较高艺术欣赏价值，在旅游文化产品的设计中同样追求艺术美（图 1-2-5）。旅游文化产品计的艺术性是旅游商品价值高低的重要体现。随着现在人们在提高生活水平的同时，游客对旅游商品的要求不再局限在实用与猎奇上，产品设计的艺术性已成为选购物旅游纪念品重要指标，因此旅游文化产品的设计要体现自己的审美价值，提升产品的艺术性。

对旅游文化产品设计的艺术性的诠释我们可以理解为旅游文化产品中传达出的艺术感染力。旅游文化产品设计的艺术性是通过产品的外型装饰灯给人以赏心悦目的感受，唤起人们对旅游过程的美好回忆，形成独特的生活情趣和情感体验。旅游文化产品的艺术表现要与当地的文化特色相协调，从实用与对当地文化的认知方面展开设计，并最终通过对设计语言的锤炼来获得。

对艺术性的评判标准千差万别，旅游文化产品设计要注重艺术性的表现，要设定产品的目标人群，针对不同目标人群的审美心理和审美标准进行，旅游文化产品的设计，以不同类型的游客的审美需要，而不能设计者的标准代替游客的标准进行旅游文化产品的艺术表现。这样才能设计生产出受不同层次、需求的游客欢迎的旅游文化产品（图 1-2-6）。

德国包豪斯设计学院的创始人格罗皮乌斯曾说过："真正的传统是不断前进的产物，它的本质是运动的，不是静止的，传统应该推动人们不断前进。"随着科技的进步、社会经济与文化的发展，人们的物质文化需求也在的不断发展变化中，传统也随之变化。旅游文化产品的设计也是在技术、文化的发展中其艺术性等到不断的发展与提高。旅游文化产品的设计发挥产品的物质功能的基础上最求更高的形式的审美表现力。旅游文化产品的艺术性表现要坚持发展原则，审美创造没有极致和终点的，要适应旅游者对产品艺术趣味追求的变化和对事物新鲜感的要求。

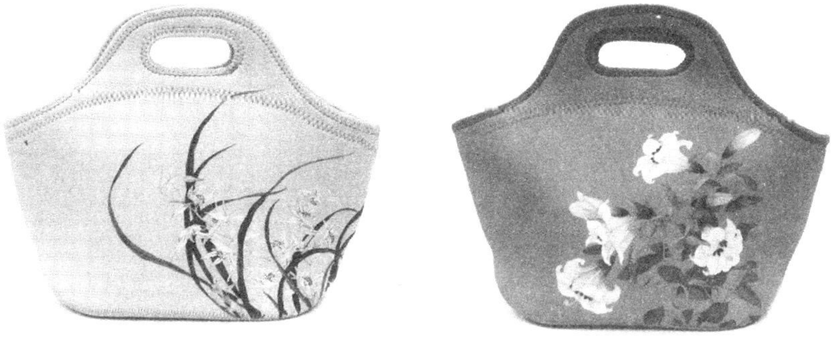

图 1-2-5　故宫文创古画时尚手拎包（百创文化）

图 1-2-6　紫禁冰嬉咖啡系列（故宫文创）

三、地域文化的在地性

地域文化是旅游文化产品创作的基石。庄锦华在《特色小镇汶川宝典》一书中曾提到“每个文化有自己深藏的情感符码，具有启动生活、消费的最大力量，而好产品必须具备启动消费者文化符码的能力。”所谓地域文化，是指在一定地域内的文化现象及其空间特征的组合。旅游文化产品代表了当地特色、承载了当地文化。

旅游文化产品一般在旅游观光地的风景区、博物馆等地才能买到，因此设计富于地方文化的专属旅游文化产品，可以增加旅游观光地的吸引力及宣传效应。旅游文化产品中所表现出来的地方文化内涵，具有新奇性、独特性，这种独特性来源于地方文化与旅游者所在地文化的差异性，这也正是旅游文化产品的魅力所在。

旅游文化产品是游客在旅游地购买，这是与普通商品最大的不同。旅游文化产品要在具有普通商品的共性外同时具有旅游目的地的文化内涵。这种地域文化的在地性体现在当地的人文，民俗、自然、产业等多个因素中。不同旅游地的旅游文化产品旅游文化产品应具有在地化的基本特征。旅游文化产品是否能反映不同旅游地域的文化特色，关系到旅游文化产品的品质和当地旅游文化的可持续发展。

人文因素是指具有在地特色的人物、文化或故事传承，以及相关元素。如山东旅游宣传曾提出“一山一水一圣人”的口号，曲阜是孔子的家乡，孔子则成为山东重要的在地的人文风土因素、文化图腾。围绕孔子开发出大量的旅游文化产品如孔子像、尼山印、登科笔等等（图 1-2-7）。

图 1-2-7　曲阜旅游文化产品尼山印

自然因素是指当地独具特色或具有人文故事的山、海、川等地理景观、地标等项目。例如：山东旅游中与孔子并称为“一山一水一圣人”的趵突泉、泰山等（图 1-2-8）。

图 1-2-8　泰山石敢当石雕风水摆件

产业因素是指当地特产、具有历史传承的产业等项目，当地特产传承技艺。以山东为例鲁锦工艺、周村烧饼、潍坊杨家埠木板年画等，都是创作特色旅游文化产品的产业因素（图 1-2-9）。

图 1-2-9　潍坊风筝手机支架（潍物有风）

民俗因素是指具有历史特殊性的、规模化的在地特色饮食文化、茶艺文化、酒水文化、服饰文化、居住文化、礼仪文化、节日文化、游艺文化、信仰文化等。这都是特色旅游文化产品的灵感来源（图 1-2-10）。

图 1-2-10　杨家埠木板年画礼盒（潍物有风）

一件旅游文化产品从设计生产到制作销售，不仅要考虑通过产品形象地体现出具有在地化特色和独有的文化品位，还要考虑如何尽可能的扩大经济附加值，增加旅游地的经济效益。这是一个典型的利用独特的地域文化进行旅游文化产品设计的成功案例。客家桐花祭除了文化旅游活动，另一个重要部分就是客家的文化旅游产品。以只有当地苗栗人才知道的油桐树，满地的白色油桐花，经过 5 年时间变成客家印象，创造了 400 件文创商品，挽救无数的客家传统产业（图 1-2-11）。

图 1-2-11　桐花祭旅游文化产品

四、民族的差异性

民族是拥有共同的历史渊源、共同的生产方式、共同的民族语言、共同的文化风俗习惯、特别是共同的心理认知和情感的人群形成的稳定的共同体。鲁迅在先生曾提到“只有民族的，才是世界的”。民族的文化是经过千百年的积淀与升华，居有强大的生命力与感染力。每个民族都有其独特性，文化不同的民族文化构成了丰富世界文化。

民族性的产生离不开不同地域因素的塑造。我国自古以来民族众多，经历了多次的迁徙与融合形成了等丰富的带有明显地域特征的民族文化。即使是同一个民族由于分布的区域、民族间的交融也存在正民族文化上地缘差异，我们汉族就是一个很好的例子。近年来兴起的民俗旅游，旅游者乐于去他乡异族旅游，正是出于对不同地域、民族的民俗风情、文化审美的新奇与向往，享受不同民族、民俗文化所带来的美感强大异域文化的冲击与刺激。例如，彝族地区的火把节、山东潍坊的风筝节等这些民俗活动使没有类似习俗的游客都非常感兴趣，这些本土元素也是进行纪念品设计的原点之一。民族文化的宝藏是丰富的，我们应该在更加深入有效的发掘民族文化资源，在尊重民族习惯的前提下进行创新设计，生产出蕴含独特民族性的旅游文化产品，从而更好地为弘扬与宣传当地民族文化服务（图1-2-12、图1-2-13）。

图1-2-12　彝族旅游文化产品小山核首饰（熊家兰）

图 1-2-13　彝族旅游文化产品手机吸盘支架（徐凡）

五、价格的经济性

经济性是指旅游文化产品物有所值甚至物超所值。在游客在旅游的过程中购买旅游文化产品，除了为旅游文化产品的新颖、奇异和特色所吸引之外，经济性也是重要影响因素之一。旅游过程中游客大量购物的主要原因之一，就是由于当地生产的旅游产品，在原料、生产成本、劳动力成本都有客源地无法比拟的优势，因而有明显的价格优势。同时，由于是旅游者就地消费，节省了商品的流通和运输成本（图 1-2-14）。

图 1-2-14　山东省博物馆文创产品

我们在设计旅游文化产品时要做好产品档次分类，针对不同购买人群的消费心理设计制作物美价廉、独具特色、能被大众广泛接受的旅游文化产品。同时很多旅游目的地存在旅游文化产品价格虚高、鱼龙混杂的乱象，这妨碍了旅游市场的健康长远发展。旅游行业主管部门和物价审定部门应该出台相关政策用于监督和调整产品定价。在尊重企业开发、生产和销售成本的前提下，防止企业盲目定价，以免伤害游客的消费积极性。

六、情感的纪念性

旅游文化产品的纪念性是指游客在旅游过程中对旅游景点的感受和心灵体验，是对某段旅游经历的物化载体。从游客内心的角度来说，对旅游过程的回忆和感悟就是旅游文化产品的价值所在。

旅游文化产品不是单纯的商品，它浓缩着一个地方的民俗风情，能够表现出文化、艺术和民族特色，且承载着游客的旅途经历，能为购买者留下美好的回忆，具有纪念性。旅游文化产品的设计应考虑它的纪念性功能，要以人为本，从消费者的精神需要出发，充分体现情感设计原则。旅游文化产品还能作为礼品赠送给亲朋好友，对接受礼品者也具有纪念意义。一般而言，旅游文化产品地方特色越浓厚、艺术价值越高，对消费者的吸引力就越大，纪念性就更强（图 1-2-15）。

图 1-2-15　丝路系列金银彩绣方巾（臧风锐）

图 1-2-16　丝路系列金银彩绣方巾（臧凤锐）

七、携带的便捷性

旅游活动具有异地性、流动性的特点。从不同的景点间的空间转换过程中，随身物品的便携性自然决定了游客的情绪，体积过大、过重、易碎、不便取放的产品自然会影响旅行者的购买欲望。旅游文化产品具备地域性、美观性、纪念性等基本特征的同时，还要通过设计手段使旅游文化产品具有便于携带的性能。

旅游文化产品在设计和生产上强调“轻、薄、短、小”，产品外形设计在体量上更适合轻巧精制、便于携带。旅游文化产品的造型设计不宜追求夸张的表现形式，应保证造型的稳定性的前提下寻求新的突破点。材质的选择上应尽量避免使用易碎材质，以轻薄、抗震的材料为主。旅游文化产品的外包装设计也要充分考虑对产品的安全防护、包装材料的环保、轻便与抗压等性能的要求。同时还要针对便携性进行产品外包装的整合设计（图 1-2-17）。

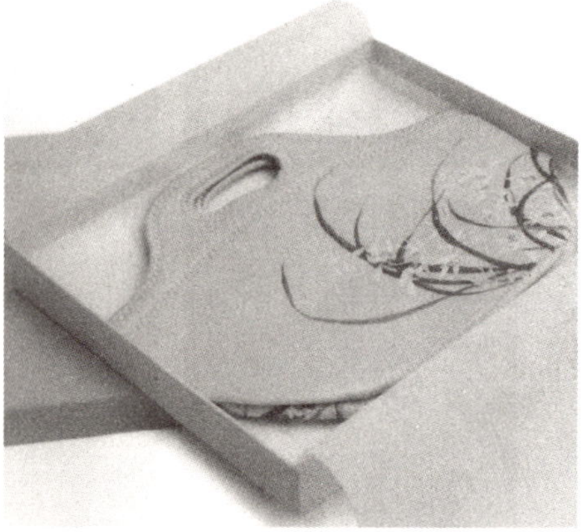

图 1-2-17　古画时尚拎包的可折叠的结构设计

图 1-2-18　潍坊木板年画的包装设计

八、功能的实用性

实用功能是指纪念品具有使用价值，旅游文化产品作为商品的基本属性即是其应具备实用性。要符合具有使用功能的产品的基本性能。

相对于普通商品，旅游文化产品更注重产品的纪念性、艺术性等精神需求，而实用性是在旅游文化产品满足了游客纪念性、艺术性的基础上的需求。在旅游文化产品中占有较大比例的民间工艺品，这类产品具有极高的审美价值，同时也具有使用功能，是兼具艺术性与实用性的产品。

旅游者看重实用功能的纪念品是因其能改善物质生活条件，满足消费者低层次的物质需求。购买那些既具有纪念意义又可以拿来使用的旅游文化产品，可以说已经成为旅游者购买旅游文化产品的一个衡量标准。虽然旅游文化产品的价值在于其所展现的纪念性意义，但对于旅游者来说，旅游文化产品应该具备一体多能的特征，既注重旅游文化产品的纪念性，也要兼顾它的实用性、功能性等（图 1-2-19、图 1-2-20）。

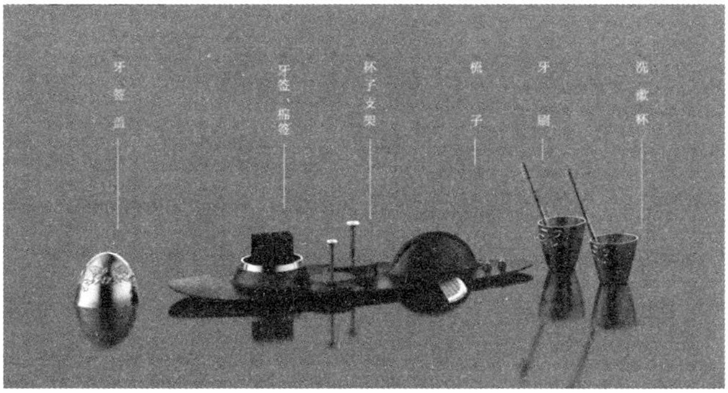

图 1-2-19　“泊船瓜洲洗漱套具”（蓝师添）

图 1-2-20 “泊船瓜洲洗漱套具”（蓝师添）

九、审美的时代性

日本著名设计师原研哉在《设计中的设计》中提到：“设计不是一种技能，而是捕捉事物本质的感觉能力和洞察能力。”设计师要具有感知外物的敏锐度，感知日常、认知情感、感受时尚。旅游文化产品的设计旅游文化产品设计亦是如此，紧随时代、顺应变化，并对设计领域重新配置。

旅游文化产品审美的时代性是指产品设计与当下的时代背景（科技水准、文化意识）紧密相连，带有鲜明的时代烙印，反映当下的价值取向和文化特征。以带动生活时尚的发展。优秀的旅游文化产品不仅要反映不同地域独特的传统文化，同时还要满足当下大众的精神文化诉求。旅游文化产品时代性的体现应是，设计创造具有现代性的元素、符号反映当代人的发展、社会的发展。时代性的概念与时尚流行或时髦不是个层次的问题（图 1-2-21）。

作为旅游产业的重要组成部分，中国传统工艺品在旅游文化产品的销售中占相当比例，但随着信息时代的到来，传统手工艺品由于产量低、人工成本高、产品不能很好地适应现代人的生活方式等原因，使绝大部分的民间手工艺品，脱离实用，要么成为价格昂贵的奢侈品，要么因为受众群体的缺失推出了大众消费市场。加之传统手工艺产品生产者多是民间手工业者，设计能力的欠缺是产品题材上缺乏创新，产品与现代生活方式脱节，生产规模小且分散，致使传统手工艺产业发展遇到瓶颈。经过千百年积淀的传统手工艺，蕴含丰富的文化内涵、传统的规制，改变并不是易事。同时有着深刻时代烙印的传统工艺与现代人的生活方式、认知方式、价值观等的不同等，使很多有着悠久历史的优秀传统工艺品牌，在文化传统再设计的摸索中收效甚微。

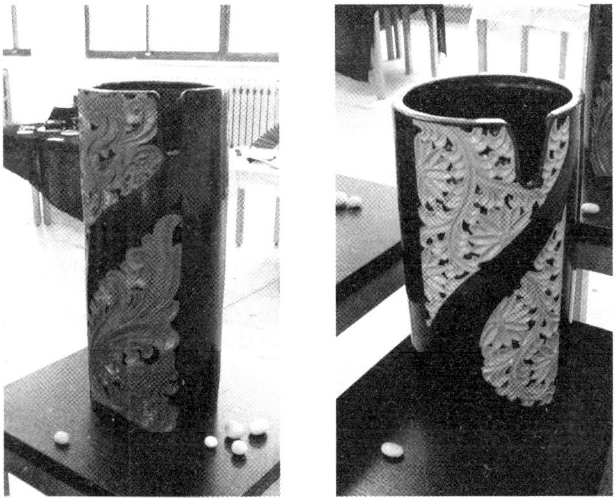

图 1-2-21　漆陶工艺旅游文化产品（王娴静）

在“改与不改，怎么改，改多少的问题”上，中国传统手工艺乃至整个文化体系的发展，都面临困难。反观日本，在旅游产品开发方面不但将本土文化如樱花、和服等代表性的事物演变为本土文化的符号或标志，将茶道、花艺、香道等传统生活方式发扬光大并发展成日本文化的象征。更是通过不断引入新观念、新技术并进一步如何创新，使本国的传统文化融入新的活力。在这种吸收兼容的发展中，民俗文化的发展在良性循环中传承发展。在此基础上设计生产的旅游产品种类丰富、与时俱进，为旅游产业创造出更丰厚的价值（图 1-2-22、图 1-2-23）。

图 1-2-22　日本漆工艺旅游文化产品大漆音箱

图 1-2-23　莳绘工艺的大漆美甲套装（日本）

第三节　旅游文化产品的作用

在发达国家及地区的成熟旅游产业中，旅游文化产品收入占旅游经济收入相当大的份额。随着文化旅游业的发展，旅游文化产品推陈出新，传承传统工艺基础上提出设计新理念，开发新种类，旅游文化产品在旅游业中的经济地位也越来越重。以故宫为例，2016 故宫的文化创意产品销售额已经超过 10 亿，2017 年的收入就增长到 15 亿，成为故宫生意的重要组成部分。在新的时代条件下，设计出具有浓郁地域文化特色并符合时代发展适应时代文化的旅游文化产品，对完善并发展中国旅游产业，宣传传统与地域文化，拉动中国经济发展都有积极意义。

一、旅游文化产品对旅行者的作用

（一）旅游文化产品是旅游者的精神消费需求

作为一种消费行为，在旅游活动的过程中购物是旅游行程中的重要部分。旅游文化产品是景区的文化符号，也是消费者的消费对象旅游经历的延伸和物化，能够与旅游情景及服务相符合的旅游文化产品，则将旅游服务的无形性表现在多种有形物之中。旅游者的需求是文化品位、文化产品、文化追求等。旅游文化产品有了文化性，达到了旅游者心理旅游文化的预期，才能产生旅游消费行为。从旅游文化的角度来说，旅游文化产品要能够构建旅游区的形象，成为传递旅游景点文化的重要媒介。因此开发符合旅游者文化消费的需求心理、具有旅游特点的旅游文化产品对旅游文化经济发展具有重要意义。

（二）旅游文化产品带给旅游者记忆的延续性

旅游的价值在于发现与体验旅游地的文化、风俗、景色、美食等，创意旅游文化产品作为旅游活动中的物质商品，能够唤起旅游者对旅游地的回忆与纪念。是作为一种特殊的信息传达载体，旅游文化产品将游客无法触摸的旅游经历变为有形有质的事物形式保存下来，它是承载旅游者亲身经历事的物化载体。旅游文化产品使旅游者经历的短暂美好的活动在其记忆中的的延续，使旅游活动具备了更深层次的意义。如果旅游活动是游客经历的一段身心愉悦的精神享受过程，那旅游文化产品就是这次美好体验的物化印记，是之后经历者重温这段行程的媒介。对于旅游文化产品的欣赏与实用自然会勾起游客对那段美好瞬间的记忆。旅游文化产品可能微不足道却成为了经历者开启过往美好经历的钥匙，短暂的旅游得到了延续。将旅游文化产品作为美好寓意的象征转赠亲友，不仅是情感的交流也是将旅游信息进行二次传播，同时还代表了旅游地的形象，为旅游地进行了免费的宣传。

如图 1-3-1，是老屋颜工作室设计的铁窗花明信片系列。铁窗花是我国台湾老房子上常见到的元素。这些铁窗花造型变化丰富，同时呈现出不同人家的审美喜好，纹样还具有对生活的美好寓意。创作者希望游客通过手写、邮寄的方式推广台湾不同于其他观光景点的民居风景，让旅游者在一段假期结束之后，仍能通过这样的旅游文化产品，重新拾起在当地的回忆，同时也将台湾这种具有生命温度的风景通过旅游者传送到世界各地，让收件人感受到无比温暖。

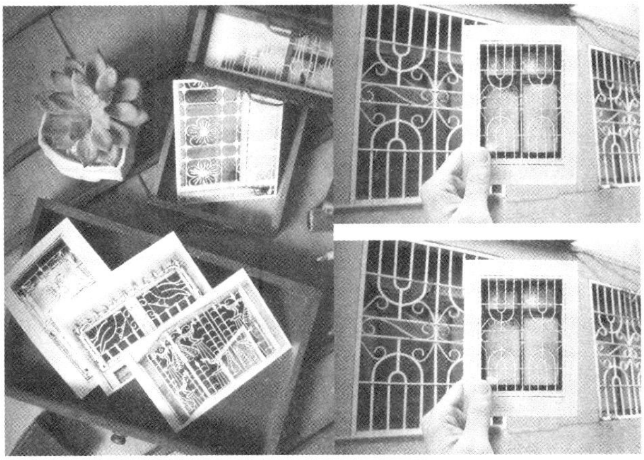

图 1-3-1 台湾铁窗花明信片系列（老屋颜工作室）

（三）旅游文化产品对应游客深层次的精神追求

旅游文化产品可以折射出游客的消费心理意识。在深层次上对应着消费者各种各样的自我诉求，即折射出复杂的、高级的精神需求，同时也释放出广阔消费需求。旅游文化产品的实用情境设计，独特、新颖、造型优美的外观设计所蕴含的丰富的内涵，或述说故事，或寄托情思，或代表着一种民俗风情，这些元素极易容易触发游客的情感共鸣、产生联想（图 1-3-2）。很多旅游文化产品是有着深厚历史、文化沉淀的手工艺品，其中的手工的温度、人文情怀、历史文化的内涵都是满足消费者追求回归传统、寻找文化根基的深层次的精神诉求。

图 1-3-2　曲阜儒家旅游文化产品

相对于其他商品，集实用、艺术、文化、情感和为一体的旅游文化产品，更能体现游客的自我意识和个性特征。每个人的生活经历教育背景等决定了不同的偏好和精神需求，这即决定了对旅游形式的选择，也会影响旅游文化产品选择。在旅游文化产品的设计中也要充分考虑不同针对不同的旅游形式、不同旅游者的精神需求进行旅游文化产品的设计。

因此开发符合旅游者消费心理、具有独特文化性、精神性的旅游文化产品，对旅游文化产业的发展具有积极的作用。

二、旅游文化产品对旅游目的地的作用

（一）旅游文化产品为旅游景区带来巨大的经济效益

在旅游产业中，“出行、游览、住宿、饮食、购物、娱乐”构成了完整的产业链，旅游购物是整个产业链里重要的一环。旅游文化产品的销售对扩大旅游产业的收入、带动旅游地经济发展起到了重要的作用。同时占有旅游文化产品销量和大比重的传统手工艺品，由于产品的特性决定，这类产品多是在地化生产、本地销售的。由于产品销后就地“出口”，节省

了许多外贸销售工作与手续，营销经营成本降低，换汇率大大高于普通商品（图 1-3-3）。

图 1-3-3 陕西布艺刺绣旅游文化产品

旅游文化产品的营销的良性发展对旅游产业经济效益的提高起到促进作用，同时由于旅游文化产品的生产、销售环节将为国家创造更多的就业机会和经济收入。随着旅游业的快速发展，旅游线路的开发接近饱和，行、游、住、食环节的效益很难进一步提升，但旅游文化产品购物的消费在整个旅游环节中所占比重还有何大的提升空间。旅游地的旅游商品销售市场的的繁荣将成为旅游地经济发展的新的增长点。在旅游市场上，发展旅游文化产品的生产销售不仅可以拉动旅游消费，增加旅游收入，同时旅游收入的增加也有利于景区的提升建设，使旅游产业得到良性的发展。

（二）旅游文化产品是可移动的旅游资源，具有扩大景区宣传的作用

旅游文化产品是可移动的旅游资源，旅游文化产品多是针对当地独特的景致风情设计制作的。产品本身就是一张反映旅游地的独特自然景观和地域文化特色的旅游名片。它作为景区的资源文化的载体，会着游客分布到全国各地乃至更大的范围，成了景区的形象和文化传播信使。通过旅游文化产品的传递，大量的旅游地信息也会随之扩散，让更多的人看到、了解、产生出行愿望。这样的实物结合旅游者的口碑相传，较之广告宣传会更具说服力，大大的提升了景区的知名度、扩大了景区的影响力（图 1-3-4）。

图 1-3-4　带有独特地域特色的景区冰箱贴

（三）旅游文化产品有助于旅游景区形象的树立

作为旅游景区形象的载体，一件好的旅游文化产品承载着很多特殊的信息，是旅游目的地风土人情、独特的生产生活方式全方位的浓缩与展示。旅游文化产品承担了地域间文化交流、形象传播的作用。

同时，旅游文化产品将旅游目的地特有的物质资源、特定的工艺、独特的地域审美观念、文化积淀都被集中于一身。游客购得旅游文化产品，能加深对一个国家或地域的文化传统、艺术造诣、民族风格的了解，从而达到思想感情的沟通。旅游文化产品在国际间的流通，扮演着外交大使的角色，能起到促进对外交流的作用，对旅游景区形象和地域文化进行有效的宣传。如图 1-3-5 是极具阿拉伯特色的旅游产品迪拜的阿拉伯香精，产品包装采用纯手工打造的珐琅绘制的香精瓶是将瓷器与画珐琅制作工艺的完美结合，浓郁的中东风情的包装配合茉莉、龙涎香等东方香料，成了迪拜旅游必买的热销旅游文化产品。

图 1-3-5　阿拉伯香精

三、旅游文化产品对旅游产业的作用

（一）旅游文化产品的开发实现了旅游资源的可持续发展

任何一个旅游目的旅游资源都不是取之不尽用之不竭的，对旅游资源的过度开发将导致旅游产业甚至当地自然景观、人文景观、当地文化等方面不可逆的破坏。而旅游文化产品的开发相对旅游资源来说可以更深度发掘，扩大规模、扩大产量的进行旅游文化产品生产。加大设计研发的持续性、研发力度就可以使旅游文化产品的升级、更新持续不断。可以说，旅游文化产品的开发是旅游产业发展的生力军，是旅游资源的外扩与延伸，是实现旅游资源可持续发展的重要手段与途径。

（二）旅游文化产品的研发与销售提高了旅游业产业整体的经济效益

作为一个完成的产业链，旅游业是由多种要素组合而成的，主要包括食、住、行、游、购、娱等。食、住、行的花费相对是稳定的，但在传统的旅游消费结构中的占比却非常重要，在旅游业的产值增长潜力最大的则是旅游物化产品的开发与营销。未来旅游消费需求将从观光型向度假型、体验型、购物型、特色型旅游转变，这样势必会加大对旅游文化产品的需求。因此，在客源稳定的情况下，如果要提高旅游业的收入，就要在适应游客需求的基础上通过各种途径为旅游产业、旅游区开发和提供大量适销对路、价格合理且具有文化特色、时代特色和地域特色的旅游文化产品。

旅游发展到一定的阶段文化旅游成为明星产业，成为旅游业的发展方向，只有立足创意，深耕文化，设计出引导大众旅游消费观念的旅游文化产品，才能更好地在旅游商品的交换中实现更高经济效益。

（三）旅游文化产品的发展是优化旅游产业结构的重要形式

旅游产品是综合性产品。游客在旅游过程中交通、住宿、饮食、游览、购物和娱乐等消费项目结构比例是否合理，对旅游消费的金额、消费结构。通过发展旅游文化产品，可促进地域文化、轻工、农业和外贸产业的发展。旅游文化产品与非旅游文化产品之间并无不可逾越的界限，部分具有地域特色或文化特色土特产品或轻工产品的本身就具备旅游文化产品的属性。我们需要的是将这部分产品通过文化创新引领，设计更加符合美学的、打造独特的旅游品牌形象，激发游客的消费欲望并使游客产生购买行为，跟进一步起到优化旅游产业结构的目的作用。

第四节　旅游文化产品的发展现状

旅游业是我国经济发展的重要支柱性产业，旅游产品是旅游业的整个产业链中的重要一环。自改革开放以来，全国的旅游产品销售收入在旅游收入中就一直占有极大的份额，到了21世纪，旅游业成为全球最大的经济产业，为参与国际财富分配，分享世界经济增长成果，旅游国际化成了国内旅游业的发展方向。虽然在国家的倡导，地方的发力发展下，旅游业发展较快，但与此相配套的旅游文化产品的发展却是相对缓慢和滞后的。随着旅游业的转型升级旅游文化产品的开发与销售则不仅是创造更大的经济效益的作用，它还是传统观光旅游向新型的文化旅游转变的重要研究内容之一。

一、传统手工艺品仍是我国旅游文化产品的主力

我国地域广阔、历史悠久、民族众多，这使我国拥有无以计数的手工艺种类，这是旅游文化产品设计开发的宝库。同时由于我国历史发展的原因，我国的旅游产品的发展是以传统工艺品为主体的。如最早向外国游客销售的旅游文化产品多为工艺品，而后的全国旅游商品定点生产企业中也有很大一部分是工艺品厂。同时今后的旅游文化产品的发展也离不开传统工艺品的发展。

以体现传统手工艺技术为特征的旅游文化产品，如天津的泥人张彩塑、潍坊的风筝等这些产品由于本身就代表当地的民俗文化，有着悠久的历史，自然成为了当地民俗文化符号象征存。所以这些文化产品既是代表性的民俗文化符号，成为旅游文化产品的开发设计的素材与源泉，同时也可以作为旅游纪念产品单独存在。这类旅游文化产品的开发本身就需要现

代的设计理念、针对性的开发策略进行扶持。

由于多数传统手工艺品的生产设计较为闭塞与落后，多是手工艺人小规模分散化的生产，产品类型较为传统，与现代生活多有脱节。这类的旅游文化产品的开发应考虑提高产品的品质感，通过现代传媒提升游客的认知度，运用现代化管理与营销理念及衍生设计理念使产品形成系列化、品牌化的产品体系。如很多传统手工艺产品做工虽然精良但是产品包装缺乏现代产品设计的理念，降低了产品的品牌形象。很多传统手工艺品中，工艺特征接近，区别不明显，如同样都是泥塑，泥人张彩塑和惠山泥人虽然都是做工精良，在某些经典样式上特征明显，但是在将当地民俗文化与现代设计元素结合应用上却出现了风格差距、品牌特征不明显的问题。解决这类的问题就需要深耕当地文化，创造文化图腾，进行品质提升、文创包装，将传统产业升级为文创产业（图 1-4-1）。

图 1-4-1　潍坊风筝节旅游文化产品叫虎

二、文化旅游产品良莠不齐

在旅游业迅猛发展的态势下，各个地区都在推出有地域特色、民族、民俗文化特色的旅游文化产品，凸显当地的自然、人文特色，反映当地社会生活的风俗。大力发展旅游文化产业，创立了自己的文化创意品牌，获得了旅游效益和社会效益、经济效益的提升。但我国旅游文化产品开发存在的问题也是不容乐观的。部分旅游产品内容简单，特色不明显 缺乏文化内涵。许多旅游景区的旅游文化产品还停留在初创阶段，缺乏设计感、不考虑地域特色，没有品牌意识，只注重眼前的经济效益，甚至有些商家只看产品销量不考虑地域特色，照搬别人的商品和销售模式。这导致旅游者在不同的旅游地看到的是相同的产品，没有特点就失去了竞争力，进一步导致为降低价格，使产品质量随之下降。千人千地一面的旅游纪念品又会影响景区的形象，阻碍了旅游产业的良性发展。

三、旅游文化产品“品质”有待提升

随着“文化旅游热”的升温，不论是传统的文化旅游形式如博物馆旅游、民俗旅游还是新型的文化旅游如艺术节、文化小镇旅游等多种旅游形式快速发展，与之相对应的旅游文化产品也呈现出高度发展的态势，大量优秀的文化旅游产品应运而生，例如，现在线下线上销售火爆的故宫文创产品，让故宫的文物活了起来，文创团队的研发，真正体现了故宫的文化和历史，17 年一年的文创销售额就是 15 亿元，利润上亿元。除了像拥有庞大文创团队的故宫文化旅游产品品牌，还有很多深耕当地文化，进行旅游文化产品设计的小团队，将当地旅游资源转化成极具地域特色的文化旅游产品。好客在一起工作坊是以客家文化为元素设计旅游文化产品的工作室。它以客家蓝衫精神及陶艺为设计元素，运用中国台湾蓝鹊意象，创作出好客青鸟，并加入手工彩绘工艺，将属于客庄的幸福故事转化成旅游文化产品，供旅游爱好者欣赏留念（图 1-4-2）。

图 1-4-2　好客青鸟（刘英华）

虽然我国的旅游文化产品在全球范围的文化旅游市场日新月异的发展的大背景下有了全面的发展，但是相比我国悠久的历史文脉、灿烂多彩的地域民俗文化、种类繁多的传统艺术，及庞大的旅游市场，我国的旅游文化产品的设计“品质”还有待提升。

近几年各地民俗活动逐渐趋向同化，旅游项目的开发在没有充分考虑地域特色与优势的前提下，生硬的照搬跟风上马，产品自然缺乏创意与吸引力。在此基础上进行的旅游文化产品的设计与开发自然出现吸引力不足、特色不鲜明的现象。

旅游文化产品的文化主题不明确，商品化现象严重。土生土长的地方性产缺少了文化与在地项的旅游文化产品之然会形成文化主题不明确，产品过于商业化的问题。在地化生产的产品由于缺少设计加之小规模生产成本较高，被量产率高的商品冲击，市场占有率极低。由于缺少设计能力，很多产品运用当地的传统工艺但产品的造型纹样等与地域文化无关，这样的“杂交”工艺品很多，看似迎合了市场需求，却缺失了当地的文化内涵和人文价值，也就丢失了旅游文化产品在地性的本质。同时由于制造与设计能力不足，产品做工粗糙，缺乏艺术性。还有很多做工精良的传统手工艺品没有设计团队的支持，没有品牌意识，产品包装缺乏设计感，不能充分体现产品的文化性与自身的价值。因此，尽管我国绝大部分地区有着丰富的民族、民俗旅游工艺品资源和，但旅游文化产品开发滞后，很之难适应市场需求。

四、“旅游+”战略催生旅游文化产品的大发展

“旅游+”战略一词最早是北京伯联顾问于 2015 年 5 月在进行云南文山州旅游产业发展战略规划中提出的。指的是将旅游产业与其他业有机地结合，“旅游+”突破了传统旅游业的各项要素，多元创新、融合发展；在新的时代下，要利用旅游业相关的产业的相互融合，进而形成多个产业模块的融合。将旅游与文化、旅游与网络、旅游与产品、旅游与农业等融合。这不仅为旅游业的发展提供了丰富的内容资源和多元的文化元素，同时融合也促进旅游行业的产业化，以旅游为契机，将旅游功能嵌入到各个相关产业中，使旅游的产业链进一步延长，形成新的旅游业态，实现对传统旅游进行升级及改造。

旅游文化产品的特征最重要的就是对多种元素的融合性。这个特性决定了文化产品在旅游行业中的重要性。开创了台湾文创先河的“客家桐花祭”，对文化的深耕，用故事引领提升品质、文创包装，将传统产业升级，使桐花商品变成了“回忆、感动的商品”创造了消费奇迹。而近期线上线下大卖的故宫文创产品，是以故宫馆藏文物为基础，将馆藏文物形象内容、故宫文化融入产品设计中进行研发进而打造出具有故宫特色的旅游文化产品。在研发中团队注重产品的品牌打造，树立故宫文创品牌，利用品牌效应来实现博物馆的长久发展。

不论是将旅游与文化、农业、产品融合的特色小镇的兴起，还是将旅

游与互联网、传统文化、现代产品相融合的博物馆旅游文化产品的大卖。无论是将优势旅游资源与的区域内其他资源的优化组合，还是打造新形式的文创产品开发模式，其发展根本都是通过外部推动力和内部驱动力的共同作用来实现的。

第二章　旅游文化产品设计开发内因

旅游文化产品的个性越突出，差异性越明显，种类越丰富，对旅游者的吸引力也越大。由于旅游者来自不同的地方，其自身所处的生活环境与社会背景各有不同，这就使得旅游者对旅游文化产品的需求产生各式各样的差异，所以旅游文化产品要形成形式内容上的多样化以适应这种差异性。对此，本章将着重对旅游文化产品设计的动因、旅游文化产品设计满足旅游需求以及旅游文化产品设计的原则进行讨论。

第一节　旅游文化产品设计的动因

旅游文化产品设计的动因主要有两个，其一是产品满意度，其二是设计的产品化。

一、动因之一——产品满意度

产品满意度，是基于行为和认知科学的研究，用于发现人们的需要、动机、目标和行为四者之间关系的核心理论，主要目的是探讨一个产品如何能够满足人的某种需求，通过认知人们对产品的满意程度，优化产品结构，使人们产生再次购买的倾向。首先，要从人们对产品满意度评价的标准进行分析。一个产品要让想让购买者有购买的欲望，最基础的是它要满足购买者的最低需求，购买者买回这件产品需要有它存在的价值与意义；其次，满意度的高低是产品对于购买者来说产生的价值与意义的大小，也就是产品对购买者来说起到作用的大小。因此，如果购买者对于产品所带来的价值与意义超出预期值，购买者就会感到满意，否则就会有失落、不满的情绪出现。

大多的旅游文化产品设计都是以旅游者体验后所提供的的“产品满意度”为导向的，但是现在再旅游化产品中同质化现象极为严重。大多旅游文化产品在其性能、外观甚至营销手段上相互模仿，最终形成了逐渐趋同的局面。同质化后的旅游文化产品之间产生了一种恶性的竞争关系，最后会导致产品失去市场活力。因此，我们要构建一个各有特色的旅游文化产品圈，而购买者体验的差异性是极为重要的，它早已成为旅游文化产品开发的核心竞争力。一个旅游文化产品设计成功与否的标准，仅仅是靠产品的购买者所感受到的满意度决定的。对于旅游文化产品体验的满意度基本上决定了整个产品的满意度。接下来我们针对用户体验层面的本能水平、行为水平和反思水平三个方面进行阐述。

（一）本能水平的产品设计

设计对每个水平的要求非常不同。本能水平是人脑内最简单、最原始部分发挥平价作业的设计，处于意识之前、思维之前。这个时候，产品的外形就极为重要，要在第一时间里用外形、质地或手感抓住人们的眼球。

许多的广告、民间艺术和工艺及儿童产品中能够看到本能水平的设计。本能水平的设计是最先呈现在人类视线中的，它的基本原理来自于人类的本能，这些在人们之间与文化之间是相同的。本能水平的研究极其简单，因为它与最初的反应有关，所以只需要把设计放在人们面前等候反应就行了。这类本能水平的产品设计，最先呈现在人们眼前，在对外形的本能反应非常好的情况下，人们看一眼就会觉得“我想要它。”然后，才会思考“它有什么作用?”最后才会想“它值多少钱?”这些反应，是本能水平产品设计者最想看到的，而且也是可行的。许多常规的市场研究都包括这一方面的设计。

在本能水平上，视觉、触觉和听觉处于支配地位。本能水平的有效设计需要视觉和制图艺术家以及工业工程师发挥其高超的技艺。本能水平的设计中，外形和形态、物理手感和材料质地以及重量都是极为重要的。其最主要的就是能够产生即刻的情感效果，通俗地来说，就是要看起来好看，摸起来舒服。产生这种看一眼、摸一下觉得好，就想要购买的情感，是人的感性与性感特征产生的反应。这是在商店、说明书、广告和其他强调外形的引诱中“关键点”所起的主要作用。橱窗里陈列的商品，往往都看起来极好，这是店铺吸引顾客的一种营销手段，人们一般在购买产品时都要注重其外表的美感。当然，要是其他高价位的产品缺少吸引购买者的外形美，那么这类产品极有可能降低价格。

设计是“根据事先对物品的材料选择，经过制作加工到产品完成并得到使用的全过程而进行的设想行为”。在现代设计行为当中，设计材料具备叙事功能，这种功能的传递通常会通过材料的形态、形状、特性以及肌理来实现。比如说，每种木材都会具备其自身与众不同的特性，如柔软性、吸湿性、脆弱性、易腐性、纹理结构特征。木制品的外观、触摸感以及强度正是由木材的这些不同的特性决定的；材料不同的内部结构也决定了材料会具备不同的物理性能及化学性能。举例来讲，木材内部不同的纤维素和木质结构决定了木材的吸湿性及抗变形性的不同。每种材料的这种不同性质特性，决定了对其进行加工的工艺技术以及成品的造型的差异。

在造物活动中，设计者往往会用材料容易加工出的造型来弥补材料自然属性的不足。比如，在用塑料制作各类饮品的包装瓶时，为了很好地增加了塑料瓶的抗压能力，要在瓶身上设计一圈凹槽。除此之外，在造物活动当中，如果设计者遇到材料机械性能不足的情况，一般会采用一些稳定的结构来进行弥补。例如，瓦楞纸通过其波形的内部结构可以增强纸的抗压强度。对于不同需求产生的榫卯结构形式，使木件之间巧妙组合，适应冷热干湿的变化，构成富有弹性的框架结构，以“构性”弥补木材“本性”的不足。

设计实际上是一个不断探索、不断创新的过程。研究设计从本质上来讲是一个求证设计的产生与发展的历史进程。我们研究设计并非只是了解设计本身，更重要的是要掌握设计的原理。合理的选材料并运用材料的理念，一直在现代设计中具有正确的指导意义。传统的设计的地位是不容动摇的，它总是会被赋予新的形式出现在人们眼前。设计者应结合时代发展特征，体会中国传统造物文化中的内涵，结合现代设计，创造新式的设计文化。

（二）行为水平的产品设计

行为水平的设计注重效用，在这里指功能。这是可用性研究界的实践者对产品设计的强调。优秀行为的设计主要包括易懂性、功能、可用性以及物理感觉四方面。大多数行为水平的设计都尤其注重产品的功能。

产品的功能指的是产品与人之间那些能够满足人的某种需要的相互作用。产品的功能包括实用、象征、审美、表征等。而这里所说的功能特指产品的实用功能，就是产品对于购买者来说所具有的实际用途。就像标枪的作用是捕捉猎物，陶瓷的作用是盛食物等等，这些都是产品的一些实用功能。在产品功能性语意的塑造中，功能通过组成产品各部件的结构安排、工作原理、材料选用、技术方法及形态关联等来实现。如汽车的设计方面，不管是汽车的结构还是形式，都先要实现汽车运送乘客服务的这一目标，这才达到汽车应有的最基本的功能。设计的时候，要把设计重心放在消费者的需求与现代科技发展的结合上，要求汽车能够适应不同的环境，以此实现汽车设计上的进步。

除此之外，产品功能性语意的塑造还源于对原有功能的再认识，把头脑中的主观印象与现实中的事物相互联系，衍生出新的功能，创造出与新功能相符合的新形态，进行功能语意的创新。新功能的出现才能推动产品设计的进步。功能是产品所具有的最普遍的因素，它能使全人类做出同样的反应，能够使设计达到跨国界、跨地域、跨民族、跨文化的认同。我们应该学会功能分析，以新功能来推动产品的创新改良。

现代工业出现后，产品设计与工艺制作分离，造成产品形式与功能的脱离，这对于那些不熟悉新产品的使用者来说是难以操控的。但是，产品的功能性要求产品要能够让人容易操作理解，这样看来就必须借助公认的语意符号来展现产品的功能，以此让使用者正确的使用。语意的塑造就是要求产品设计师用一种语意符号准确的传达产品所表达的思想与操作方式，通过此种语意符号让使用者能够很好地了解产品，引起使用者在使用方法与情感上的共鸣。

同样的功能或用途通过不同的组合方式，表达的意义有所不同。如抽屉的拉出方式，有的是外显的，用各种形式的把手示意；有的则是隐含的，没有把手，只是有一定的空间间隔指示抽屉的暗槽。只有设计师掌握了这些形态语意特征，才能清楚地传递产品设计的操作方法与情感态度，让使用者能够快速地掌握产品本身的特点。

总之，在设计旅游文化产品的时候要把握好美与功能的统一。产品的功能不同，其纹样、造型也会随之变化，这是由于在纹样、造型的设计上设计师不仅要考虑加工工艺能否到达，还要考虑成品的使用效果。

（三）反思水平的产品设计

反思水平的产品设计通常是决定一个人对产品的总体印象。对产品的总体印象来源于回想记忆与重新评估，也就是反思。在反思水平上，客户关系在其中发挥着十分重要的作用。建立良好的客户关系毫无疑问是非常重要的，它能够使客户对产品的消极经历产生 360 度的转变。因而，要常常支援和帮助存在不满意见的客户的公司，使他们转变为这一产品的忠实支持者。实际上，对某一产品的购买体验只有愉快感受的人而言，其满意度要比有过不愉快购买体验但后期被公司很好对待的人要低一些。这种换取忠实支持者的方法代价虽然是昂贵的，但是从中可以看出反思水平的力量是十分强大的。反思水平的设计与购买者的长期感受之间有着十分紧密的联系。购买者在对当前产品的感受中，决定下一次的购买类型或者提出建议给朋友时，快乐的购买经历会消除之前的消极经历。

总的来说，行为水平与产品的效用和使用产品的感受是相关的。不过感受本身就包括功能、性能以及可用性多个方面。所谓产品的功能，指的是一个产品有哪些作用，它可以做些什么。若产品没有实际作用或功能不足，这样的产品就没有存在的价值。产品的性能是产品能够发挥其实际效用功能达到目标的能力。如果产品的性能不够好，那么这样的产品就是次品。产品的可用性是产品使用者运用产品来完成一定工作的容易程度。如果使用者在运用产品进行工作时产生了难度，那么给使用者情感上的体验就是迷惑和沮丧；相反，如果使用者容易使用，并且满足了需要，就会感到开心和快乐。只有在反思水平上才会有意识、情绪、情感及认知的最高水平。只有在此才会体验到思维及情感所有的潜在的影响。解释、理解和推理来自于反思水平，在较低的本能和行为水平上只有情感。

在这三种水平中，反思水平是最易随着文化、教育、经验及个体差异的变化而发生改变的。反思水平还可以凌驾于另两种水平之上。所以说，会有人喜欢恐惧或者不快的本能体验，但是有的人就会非常讨厌，或者是有人很喜欢一个设计，但是有的人却不能接受。复杂化的设计往往会忽视了大众的要求，设计者总是会为设计出吸引大众的作品而感到迷茫。

本能和行为水平是购买者在实际生活中看到和使用产品时产生的情感和感受，反思水平则是通过回想与思考得到的总体感受，延续的时间较长。所以，反思水平与购买者由产品所产生的满足感有关，一个人的自我认同则由反思水平决定。在反思水平上，产品与自我认同间的交互显得尤为重要，例如购买者会因拥有或者使用某个产品而感到骄傲或不好意思。在反思水平上，客户交互与客户服务也不容忽视。

用户体验的“满意度”设计，其背后深层次的内涵在于最大化满足了用户的潜意识需求。这种用户体验不单局限于感官上的刺激，更是深入的了解用户的心理需求，以达到满意度较高的结果。一方面，提供给用户及时的反馈，不要超出用户的等待耐性；另一方面，减少选择成本，知己诶引导用户达成目标。因而，在设计产品时，应准确分析产品的可用性、产品的购买者以及他们使用产品的目的，具体如下：（1）以购买者的需求为主进行产品设计；（2）最大化的优化产品的流程设计和服务流程；（3）设计要密切关注目标人群，挖掘他们的心理需求，使得产品拥有较高的用户满意度。

二、动力因之二——设计的产品化

随着时间的推移，社会在进步，科技在发展，人们的审美观念也发生了改变，大机器时代到来，旅游文化产品的发展开始出现瓶颈，需要对其创新。首先，要继承传统工艺中优秀的部分，并在传统工艺的基础上进行创新。从唯物认识论上讲，传统与创新是对立统一的。传统是已有的东西，创新是追求未来的东西，没有传统就没有所谓的创新，没有创新也就无所谓发展。我国的旅游文化产品的设计开发需要向产品设计进行借鉴，在认识到传统工艺品所具有的文化价值与实用价值的基础上，融入现代工业的理念、方法、管理等，在旅游文化产品的造型、功能、生产、销售等方面进行综合性的设计，探索出既有传统特色又有当代先进元素的旅游文化产品。旅游文化产品设计的产品化，是可行也是非常必要的。

（一）体验设计概述

《哈佛商业评论》于2001年宣称："体验时代已经来临。"这是继产品经济、商品经济和服务经济之后的一种新型的经济形态。随着社会经济形态的不断变化发展，产品的设计理念也随之变化发展，这样可以更好地贴近大众的生活理念及促进造物艺术文化的发展。传统经济时代里，人们注重的是产品的功能和价格。但在体验经济时代里，人们的消费发生了一些变化：人们需要在生活和情境中感受产品带来的感官体验以及心理认同，这成为产品和服务发展的新方向。这种消费方式的转变，使得设计理念及文化也必须随之发生改变，这样才会更好地适应新经济时代及体验经济下大众的消费需求及消费特点。谢佐夫在其《体验设计》中对其定义是：它是将消费者的参与融入设计中，是企业将服务作为"舞台"，产品作为"道具"，环境作为"布景"，使消费者在商业活动过程中感受到美好的体验过程，诸如"我去过那里，我做过那个"成为时尚的流行语。所以，工业产品不仅要满足一般的使用性、功能性以及美观性，还应满足个性化、舒适化、多样化和其他需求，而这些需求也就是体验之所在。体验设计的方法包括以下几种。

1. 强调物品的情感化

当我们在与他人的交流过程中，通过他人所呈现的面部表情与肢体语言就能够分析出他们的心理状态与情感变化。我们一般通过具备的这种能力来感知周围的一切，甚至对于无生命体也是一样。人们喜欢赋予动物与无生命体一些人性，常常把自己的情愿、信仰、动机强加在它们的头上。尽管这种行为看起来是奇怪的，但是这确实是我们所具有的一种本能的行为冲动。因为，对于这些"有情感"的物品，很容易让我们赋予它们人性，使我们的情感系统做出积极的反应，从而感受良好的情感体验。例如当游人去异国他乡旅游时，会自然而然地对当地的乐曲反映积极，并会亲自体验一番，这就是一种典型的视、触、听觉的综合情感体验。有很多的旅游文化产品就抓住了人们情感化体验，适时推出旅游文化产品及其衍生品，如澳洲墨尔本艺术中心的古典吉他就属于这类的典型（图2-1-1）。

2. 强调物品的娱乐化

德国思想家席勒认为，"只有当人是完全意义上的人，他才游戏，只有当人游戏时，他才完全是人。"而随着社会的不断发展，人们的生活节奏越来越快，产生的压力也越来越大，因为人们一般都长时间的处于紧张的工作状态中。在这种高压生活下，人们内心极其渴望自己的生活变得丰富、快乐和轻松。这个时候，那些以娱乐和游戏为目的的产品越来越受到

图 2-1-1 古典吉他

（据沈征，胡亮，旅游工艺品设计与制作，2014 年）

人们的青睐，人们从这些产品中释放了压力，感受到了轻松、快乐。如 1996 年开始推出的电子宠物鸡就曾风靡一时，被戏称在全球发生了一场“电子鸡瘟”（图 2-1-2）。因为它被注入了人类的情感和体验——它可以像传统宠物一样被饲养，而且如养育不当，就会死掉。

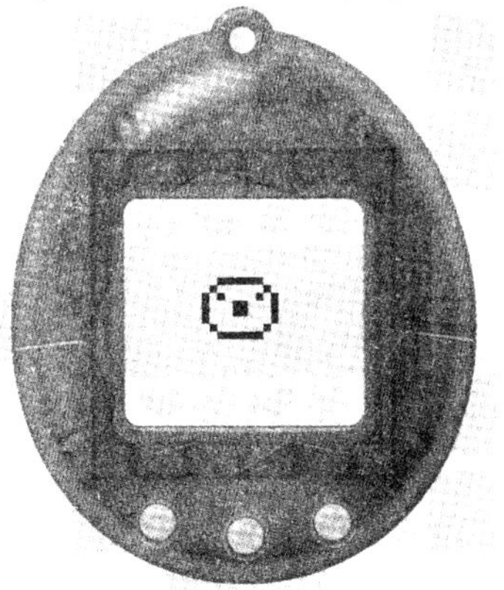

图 2-1-2 第一代电子宠物

（据沈征，胡亮，旅游工艺品设计与制作，2014 年）

3. 强调物品的个性化

个性化追求的就是与众不同，个性化的物品会带给使用者强烈的自我满足感或者吸引别人注意而产生的自豪感。个性化物品带给人们良好的体验，使人们感到开心。随着物质均质化的结束，个性消费成为人们新的消费热点，也是一种新的商机，例如人们使用的手机可以自由定制不同的手机铃声，许多公司均推出个性化的服务，包括国家邮政局也推出了邮票个性化服务的业务，发行带有空白附票的个性化专用邮票。这些都是人们越来越喜欢和追求个性化产品的根本原因。

（二）通过体验设计实现旅游文化产品设计的产品化

1. 旅游文化产品的情感化开发

开发“有情感”的旅游文化产品会使旅游者感到愉快，因为“有情感”的物品很容易使人们的情感系统做出积极的反应，产生愉快的情感体验。从商品的角度来说，情感化产品指的是产品能够通过形态、材质、使用方式以及相关的背景故事表达一定的情感状态特征，以此来吸引消费者，并给消费者的生活带来一定的快乐和感动。产品设计者可以通过对传统工艺品的形态、功能、肌理以及工艺品的背景和相关故事进行分析解剖，寻找其中吸引旅游者、能够引起旅游者兴趣的元素，创新出具有审美体验的产品。如看到红豆就会想起唐代诗人王维的名句：“红豆生南国，春来发几枝。愿君多采撷，此物最相思。”红豆这一普通的元素设计出的旅游文化产品就将富含文化内涵而显得格外珍贵。

对于旅游者而言，当地很多富有特色的旅游文化产品只是有所耳闻，如大家所熟知的：北京景泰蓝、苏州的刺绣、景德镇的陶瓷等，但对其历史背景、制作工艺、制作流程及相关知识等真正了解的并不是很多。因此如果先让旅游者可以体验到这些传统工艺品的深厚内涵，对其产生文化和心理上的认同感，那么也就无须过多介绍，旅游者便会自觉购买了；因此，如果能在开发设计时，从旅游者的视觉、触觉、味觉、听觉和嗅觉等各个方面进行细致分析，突出旅游文化产品的感官特征，为旅游者创造良好的情感体验，那么旅游文化产品就会受到旅游者的喜爱。

2. 旅游文化产品的娱乐化开发

在体验经济时代，产品的娱乐性、游戏化体现了人们回归了人类的本性，也是人们追求休闲、愉悦的一种生活方式。正如卓别林所说：“由于有了幽默，使我们不至于被生活的邪恶所吞没。”所以对于旅游文化产品开发也可以相借鉴，向趣味化、娱乐化发展。如果可以适时地推出一些DIY式的旅游文化产品，其前景应该十分广阔。这样一来，可以使旅游者通过定制化和参与性购买，满足自己的个性需求，从过程中体验自我成就感和参与的乐趣。例如各式各样的仿少数民族建筑的拼板，旅游者买回家可以自己拼装上色，独自完成作品，这样的产品会给购买者带来极大的乐趣。在设计此类文化产品的时候，需要设计者在做产品设计时给产品留下购买者能够展示自身才能的地方，这样购买者就能够在使用产品时感受到乐趣、挑战与成就感，而且目前国内这类旅游文化产品极少，市场开发潜力巨大。当然，在保持旅游文化产品有趣的同时，还要使其有用。因为这种实用性会保持旅游者对旅游文化产品的有趣感。通常来说，物品被熟悉得越深，所吸引人的地方就越少，所能引起人的好奇心也就越少，人对趣味的感知能力也会相对减弱，慢慢地就会产生审美疲劳。因此，为了保持这种兴趣、热情和审美的快乐，在强调其娱乐性的同时，必须加强其实用性。

3. 旅游文化产品的个性化开发

目前，各地旅游文化产品市场存在的问题就是式样雷同、品种单一。在旅游区随处可见那些木雕人像、珠串饰品、水晶玻璃等工艺品作为旅游文化产品出售，缺乏鲜明的地域特色。怎样从千篇一律的旅游文化产品中脱颖而出，就需要进行旅游文化产品的个性化开发。如雕刻、绘画、陶艺、编织等表现形式的工艺品开发就能够让旅游者自己参与到制作过程之中，满足其亲身体验、追求个性的要求，同时也提供了从业者近距离了解旅游者对旅游文化产品审美倾向的机会，从而可以有效地指导生产开发，使其产品更符合游客的口味。还有，可以根据旅游者的需要，定制一些当地的旅游文化产品，如织绣品、挂毯、靠垫、椅垫等。由于这种旅游文化产品充满个性并带有个人化色彩，所以会受到旅游者的青睐。

第二节　旅游文化产品设计满足旅游需求

一、旅游文化产品设计满足旅游审美需求

目前许多地区将秀丽的自然资源与民族特色表演、民俗活动等旅游项目结合在一起，丰富了旅游活动中的文化内涵。这种将审美欣赏和娱乐活动相互交融的旅游，能够让旅游主体感受到更多的有关于文化美的趣味和欢乐。旅游者能够通过旅游了解各地的风景、人文，并且在旅游途中收获一些意想不到的惊喜，旅游审美活动具有丰富多样的内容和形式。正如美学家叶朗曾说：“旅游，从本质上讲，就是一种审美活动，离开了审美还谈什么旅游？旅游涉及审美的一切领域，又涉及审美的一切形态，旅游活动就是审美活动。”

旅游文化产品具备的特征是：材质美、工艺美、功能美、装饰美，是心与物、才与艺、用与美、形与神的和谐统一，是令人赏心悦目的旅游客体。旅游者们通过对旅游文化产品造型的鉴赏可以体会到社会历史的变迁

和民族融合的过程；旅游者在驻足观赏旅游文化产品时，可以感受到工艺品缓解了一部分现代社会的紧张感；从旅游购物中体味到的拥有高水准的旅游文化产品是一种生活的精致。

旅游者在旅游的过程中能够感受到在繁忙的都市生活中缺少的自然美、人文美。各式各样的旅游资源能够带给旅游者截然不同的审美感受。正如德国艺术史家格罗塞（Ernst Grosse）所说的，“美感与需求、缺少或不满足相关，我们欣赏的都是我们缺少的”。

二、旅游文化产品设计满足旅游发展的文化需求

旅游业的发展注重文化与自然风光相结合，深入挖掘旅游客体的文化特质，形成文化旅游的趋势。赋予旅游客体一定的文化内涵，有利于吸引旅游者，有利于该旅游业提升自己的产业竞争力，充分发挥自身的产业优势。旅游文化产品在民间工艺传承与传播、世界民族文化交流方面起着极其重要的作用和意义。

不同特色的旅游文化产品能够满足游客对不同文化的需求，在旅游经营者与游客之间形成一种文化交易模式。经营者经营旅游文化产品，游客到各个景区享受、消费旅游文化产品。各个旅游景区通过其独特的文化内涵得到了快速的发展，以文化为卖点成为旅游发展的实质。景区打造属于自己的旅游文化产品品牌，贴近如今旅游业的发展方向，推动了文化旅游的发展进步。

三、旅游文化产品设计满足旅游购物的需求

旅游者在旅行的过程中是以花钱为目的的，他们要有足够的金钱、时间及旅游动机。在现代社会，旅游消费已成为很多人的重要消费，旅游文化产品的销售是旅游业的食、住、行、游、购、娱六要素之一，具有十分重要的影响力。如今，随着旅游热的不断升温，判断一个国家或地区旅游业成熟与否的一项重要指标，就是这个国家或地区的旅游购物是否发达。旅游文化产品最本质的一个特征是可以记录旅游经历，传递不同文化特色的旅游感受。旅游文化产品承载着该国家或地区的文化，其流通可以促进景区与客源地之间的交往，可以很好地反映和宣传景区的形象。

四、旅游文化产品设计满足休闲体验需求

传统的旅游审美注重一种非功利性的静观，古代的文人雅士愿意从自然景观中提炼出精神食粮，将游山玩水作为一项具有雅致的活动。正如孔子所说的，“知者乐水，仁者乐山”。随着经济的不断发展，消费文化的种

类也日益增多，不同领域的群体的消费理念也体现出差异。休闲主义、实用美学以及快乐哲学的流行，使大众的旅游审美不再像古代的文人雅士一般以寻求山水之间超脱的自然为主，而是转变为感受以休闲娱乐为主的体验参与，这就推动了旅游业创造休闲体验的旅游活动。

体验休闲型旅游的开发更加注重文化娱乐的体验，旅游文化产品多注重其自身的观赏性与参与性，这些都为旅游者提供了更加丰富的旅游体验与实践地域文化的可能性。也有很多的旅游文化产品售卖者在向旅游者展现产品特色的同时，也会让旅游者参与到旅游文化产品的制作中去，这样能够更好地让旅游者参与其中，引起旅游者的共鸣，满足旅游者的旅游体验，给旅游者留下深刻的旅游印象。参与性强的旅游活动，在旅游者获得丰富的旅游经验时，促进了文化的交流与地域特色艺术文化的保护与推广。

五、旅游文化产品设计满足“搭车”经济发展需求

所谓“搭车”指的就是获得某种物品的利益但避开为此支付的人或组织。每一个商品生产者都是最大经济效益的追逐者，旅游文化产品中包含着工艺、文化、人力等生产经济效益的资本，这些都将成为旅游文化产品生产者们所追逐的。许多旅游文化产品在加工制作方面将手工艺生产的文化特色保留了下来，这样一来就想要提高利润的话，节约生产时间是很难实现的，只能最大程度的降低生产成本。随着社会的不断发展，交通越来越便利，这点对于旅游文化产品的加工者而言是非常有利的，因为实际上加工者估计原材料的价格和交易数额是不容易的，只能是充分利用便利交通和比较成熟的旅游市场，来降低旅游文化产品的生产成本、营销成本、渠道成本、信息成本以及组织成本，以此来获得最大的利益。

第三节　旅游文化产品设计的原则

一、旅游文化产品设计的基本原则

（一）个性化原则

个性化原则表达的就是独一无二，与众不同。个性化物品拥有者会因为物品的独特性而感到满足，还会因为个性吸引他人的注意而产生自豪。个性化的物品会给拥有者带来积极良好的体验，这正是人们越来越追求个性的原因。在当今社会，个性化消费已经成为消费中热门的一类。因此，旅游文化产品必须具备自身的独特性，产品的个性化决定了产品的生命

力。想要旅游文化产品在旅游市场中快速地占据有利地位，就必须要增强旅游文化产品在个性化创造方面的影响力，使产品品牌化。

（二）参与性原则

旅游体验型产品强调游客的参与度。游客体验的感受与参与的程度是成正比的，也就是说，游客参与程度越多，其产生的感受就会越多，体验感就越好，反之则体验感差，也不能给游客留下深刻的印象。所以，使游客获得深刻体验的重要途径之一就是增加旅游者的参与性。

（三）文化与商业结合的原则

旅游活动不仅是一种经济活动，也是一种文化活动，文化才是体验型旅游商品的真正内涵与生命，巧妙地把旅游业与文化二者进行结合，将文化体验作为旅游体验活动发展的基础，规划好发展方向，吸引更多的游客前来参与。

（四）差异性原则

差异性原则是基于参与性原则和个性化原则提出的更高的要求，这要求旅游文化产品要做别人未曾做过的，独具特色的，还要做到更好、更别致，从而保证活动的特殊性，在同行业里形成良好的竞争优势。

（五）娱乐化原则

我们现在身处一个快节奏的社会中，无论是在工作还是生活方面，人们常常处于一个高度紧张的状态中，面对的压力也越来越大。所以，人们极其渴望一种丰富、快乐、轻松的生活。正如德国思想家席勒在《审美教育简书》中有个著名论断：“只有当人是完全意义上的人，他才游戏，只有当人游戏时，他才完全是人。”因此，一些以娱乐和游戏为目的的有趣的产品越来越受到欢迎。

（六）情感化原则

人类是有情感的动物。当我们与他人交流的过程中，我们可通过他人的面部表情及肢体语言揣测他们的内心想法和情感波动。因我们具有这种感知能力，所以我们才会感知到身边的一切，包括无生命体的物体。人们喜欢把一些人的特性强加给无生命体与动物，如情感、信仰、动机等，赋予它们人性化特征。对于这些“有情感”的物品，很容易就会让我们赋予它们人性，使我们对其做出积极反应，感受良好的情感体验。

二、旅游文化产品的形象创新原则

（一）形态要素的类型

（1）从形态的维度来分类，如图 2-3-1，涵盖了旅游产品的全部形态形式。实体形态和空虚形态是相互依存、不可分割的，一个普通的三维实体形态置于空间中，这时实体形态与该空间就已经发生了关系，二者构成了静态空间。在分析设计方法时，我们往往会多次情调“物”与“境”之间的关系，从融入“时间、空间”要素的四维形态考虑，在分析“物”和“境”时都会用到相关概念。在东京迪士尼的游览空间设计中，“米老鼠一家忙碌的生活”里那些可以触摸得到、感受得到的实体物就属于三维实体形态，如图 2-3-2 所示，这些要素共同构成了一个三维空虚形态。

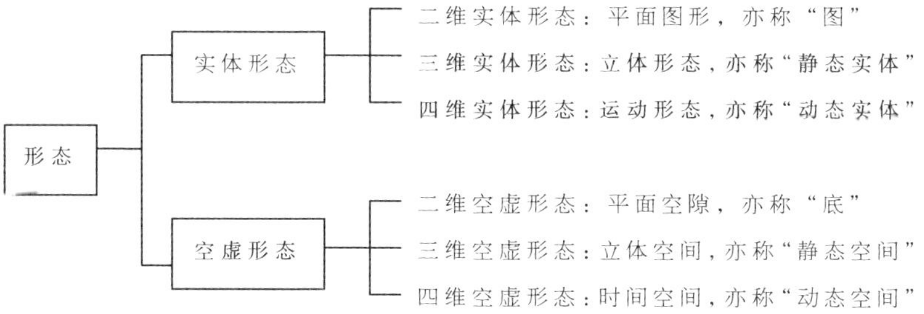

图 2-3-1 形态维度分类

图 2-3-2 东京迪士尼的游览空间设计

（据钟蕾，李杨，文化创意与旅游产品设计，2015 年）

例如圣诞节前后发售的各类旅游文化产品，由于其特殊的时间段和发售地的特殊空间性，使旅游产品、发售人以及接收用户共同构成了一个四维空虚形态。这种形态会随着时空的演进而产生相应的改变，而不是静止在某一时刻。

形态，是旅游产品构成的基础要素。真正透彻地了解形态，掌握其构成方法，是完成旅游文化产品设计的理论构架的前提和基础。清晰地认识形态的基本分类，能使我们认识旅游文化产品的合理存在方式。一直以来，我国的旅游文化产品设计都没有停下脚步，但是直到今天仍未形成一种具有中国特色风格的旅游文化产品，在旅游产品中也没有足够强大的市场竞争力。我国的旅游文化产品与发展迅速的旅游业之间产生了脱节，这与旅游产品的设计局限性较大有着直接的关系。旅游产品的分类介乎于工业产品与手工艺品之间，这种模糊的界定造成创新困难。手工艺品在旅游产品设计中较为普遍，除此之外，我们还要适当地融入现代设计理念或者创新创意时代要素，作为旅游产品的构成部分，三大层面协调发展至关重要。

（2）从形态的用处来分类（图 2-3-3）：

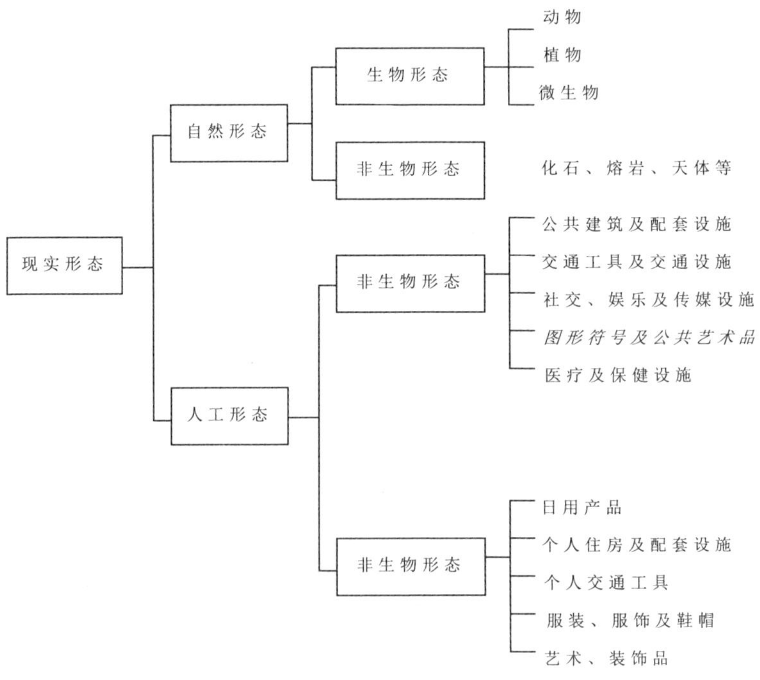

图 2-3-3　形态用处分类

在许多的旅游文化产品设计中，会有以传统文化符号的形态为基础进行创新和改进的产品设计，这就关系到旅游产品的形态构成原则。设计者通常会经过谨慎分析后，探究出怎样从自然形态向设计形态过渡，即遵循人工形态设计原则。这一原则，为传统文化元素与现代时尚要素的结合奠定了基础。

（二）从自然形态过渡到人工形态

从自然形态过渡到人工形态的过程，实际上是从自然形态转变为抽象形态的在思维方式上的深化（图 2-3-4）。在此过程中，我们需要考虑到元素的提炼和抽象，此外，还应该融入对自然形态进一步的理解，以此来发掘在人类社会中能够用到的某些特殊功能。

图 2-3-4　自然形态与人工形态

（据钟蕾，李杨，文化创意与旅游产品设计，2015 年）

由自然形态转变为人工形态的过程总结如下：

（1）自然形态--通过进化与环境相协调（具有合理的结构，包括：合理的链接方式和形体过渡等）；

（2）通过学习把自然形态的结构特征简化成人工的结构（包括连接方式、几何形体的过渡方式以及材质的应用等）；

（3）充分了解这些要素；

（4）提前为人工形态的转化作准备；

（5）确定清晰且深刻的主题（造型——造型要素+组合方式——优化组合）；

（6）确立人工形态。

分析自然形态怎样向人工形态过渡这一过程是完成形态创新的第一个步骤。在这样的结构框架之下，结合毕加索的著名画作《牛》，针对旅游文化产品进一步分析构成其基本“结构、功能、要素”的形态系统是怎样从最初的民俗文化或创意文化不断变形，被最终确立完成为成熟产品的。

新的形态的出现，并不是凭空得到的，它是基本型在打散、重构、融合其他形态后经过推敲而产生的。日本的招财猫憨态可掬，被设计者赋予了美好的寓意，作为摆设可以在日本家庭中经常看到。日本的招财猫也有着多种的造型，这是由于招财猫的产地有很多，例如吉原、北海道、爱知县和越后屋等，不同产地的招财猫的造型有所不同，体现着各地的特色，蕴含着当地丰富的文化内涵。日本招财猫的形态多样，展示了加工者绝佳的手艺，它作为一种富含日本文化风格的旅游文化产品，一直在传承着日本的历史文化，从其受欢迎的程度来看，很明显，其商业价值是非常大的。甚至在如今这个仿造商品比比皆是的现代商业中，日本的招财猫还是具有强大的品牌优势及不可抄袭性。这是由于日本人对于招财猫造型多样的创造导致的，他们将传统文化、地域特点、现代时尚元素以及历史事件等所有要素融入招财猫旅游产品的设计中，使其获得最大化的传承和发展（图 2-3-5）。

图 2-3-5　日本招财猫形态不断创新

（据钟蕾，李杨，文化创意与旅游产品设计，2015 年）

由传统形式的招财猫衍生出多种造型独特的新型招财猫，需要设计者加入以下几个步骤：

（1）利用系统性设计方法逐层分析所运用的传统文化符号，对其加以分类、提炼和整理。

（2）通过构建叙事性情境的方式完成思路的带入，得出一组与最终产品成型相关的关键词。

（3）利用本节的造型处理方法塑造出新造型。

（4）运用系统性设计思维完成有关于产品开发的系列要素的设计开发，如产品包装、系列化方案、产品宣传册等。

第三章　旅游文化产品创新与创意设计理论

创新指的是以现有思维模式提出和常规思路不同的见解为导向，以满足理想化需要或社会需求为目的，依托于已有知识和现有的物质，在某个特定环境中，改进或创造出新的事物、方法、元素、路径、环境，并能够得到有益效果的一系列行为。创新是人类特有的认识能力和实践能力，是人类主观能动性的表现形式，同时也是推动民族进步及社会发展的动力源泉。创意也可以称作创造意识，或创新意识，是指对现实已有事物的认识和理解，进而衍生出来的一种新的抽象思想和行为潜能。创新理论与创意理论两者之间是相互作用，又彼此有所区别。因此，本章将就创新理论和创意设计理论两方面来对旅游文化产品的设计进行具体阐述。

第一节　旅游文化产品创新理论

一、创新与创新思维

所谓创新，简单来讲，即为发现与创造新的东西。在西方，英语中创新（innovation）该词起源于拉丁语，其原意的含义有三层：第一层含义为更新，即为替换掉原有的东西；第二层含义为创造，就是创造出新的原来没有的东西；第三层含义为改变，即发展和改造原有的东西。具体来说，创新指的是人类为了满足自身的发展需要，对于客观世界及其自身认知和行为的过程及结果不断地进行拓展的一项活动。也就是说，创新指的是人类为了达到某种目的，遵循事物发展的客观规律，对于事物的整体或其中的某部分加以变革，从而使其得到更新和进一步发展的活动。

创新的概念本质上是多元的、动态的，它的内涵始终在变化和丰富，从最开始的经济学角度的创新，发展到教育创新、理论创新、管理创新、科技创新、制度创新等方面。创新活动的核心是“新”，它可以是造型设计、内容的表现形式及手段的创造，当然也可以是产品的结构、外部特征及性能的革新，也可以是内容的充实和完善。从本质上来讲，创新即为突破，具体地说，创新是要突破陈旧的思维定势和旧模式，进而形成已有惯例及模式的突破和新模式。

无论是人类的进化、和社会的发展，还是经济的繁荣和科技的进步，实际上都离不开创新。创新在人类的文明发展史中，有着非常巨大的推动作用，推动着民族进步，推动着社会发展。

（一）创新思维的概念

思维是人的大脑对客观事物本质属性和内在联系的一种概括和间接反映。通过独特新颖的思维活动来揭示客观事物本质和内在联系，并且引导人们去思考问题的新解释，从而产生新的思维成果叫作创新思维，也称创造性思维，它是创新过程首先起始于人的创新意识。创新思维给人带来的新成果是具有一定社会意义的，是人智力水平高度发展后得到的产物。创意思维与创造性活动紧密相关，是多种思维活动的统一，其中发散思维及灵感起着十分重要的作用。

创新思维是创新的核心，创新思维是整个创新活动的关键，如果没有创新思维，那么就不会有创新想象，进而不会有创新成果的产生。在社会实践活动中，人们会不断地认识一些客观事物，进而产生不满足感，渐渐地就会出现创新的想法，并通过创新思维活动产生不同于现状的一些设想，通过行动将设想落到实处，完成创新过程。所以说创新活动是否可以成功的基础就是创新思维，它是人们在进行创新活动的时候必须要具备的重要心理要素。

（二）创新思维的特点

创新思维具备一般思维的特点，同时也具备区别于一般性思维的思维品质。

1. 深刻性

思维的深刻性反映在可以透过问题的现象而看到事物的规律，并发现事物的本质，预见事物的发展趋势和结果。

2. 广阔性

思维的广阔性反映在善于从多个角度思考问题，从不同的知识领域加以思考，不仅能够把握问题的关键，还可注意到一些重要细节，可以抓住矛盾的一般性，也可以看到矛盾的特殊性，找出矛盾的普遍性和具体性。

3. 求异性和独创性

创新思维是思维的高级过程，是人们以现有经验为基础，在一些事物中找寻新解释的思维过程。它首先体现在人们思维的求异性和独立性上，不盲目跟风，不盲目信奉，不受现有解决问题的方法的禁锢，而是以他人经验为基础，虚心汲取有用的经验，大胆想象，独立地思考，开辟出一条新的道路。

4. **灵活性和敏捷性**

思维的灵活性主要反映在思维活动随客观情况的改变而发生相应的变化，善于根据事物发展变化的情况提出切实可行的解决办法，脱离传统习惯，克服定势思维和惯性思维的缺点及功能固着的弊端。

（三）创新思维能力的培养

思维是人脑对客观事物所进行的概括和间接的反映，是在实践中逐步形成的，而不是天生的、一成不变的，创新思维能力可以通过一些有效途径来培养和提高。

1. **创新思维的前提**

创新思维的前提是敏锐的观察力。认识客观事物首先要做的就是观察，所有高级的心理活动都要经过观察这个步骤。人们利用观察力去周密、仔细地对客观事物进行观察，取得对研究对象的感性资料，形成表象，进而找到问题的突破点，找到解决方法。一般观察力强的人会快速发现别人没有发现的一些细节，可快速地采取对应的措施。

2. **创新思维的基础**

创新思维的基础为丰富的知识及经验。创新的前提是创新者具有丰富的知识储备和开阔的视野，一个人积累的知识量越大，经验越丰富，那么这个人产生创新的可能性相对来说也就会越大。知识与创新是分不开的，创新建立在既有知识成果基础之上。思维是与问题密切相关的，创新知识结构应是多元化的结构，是进行创新思维的硬件系统。古语云：“水深则所载者重，土厚则所植者蕃”。一个人的知识储备量越大，所积累的经验越丰富，那么他的思路就会更加开阔，思维也会更加灵活，自然而然判断就会更加准确，会更容易找到有效解决问题的方法。

3. **创新思维的实现条件**

思维方式是认识事物的方式方法，而创新思维的实现条件必不可少的就是科学的思维方式，指的就是根据局思维和存在辩证关系的原理，用科学的方法去发现问题、认识问题、分析问题并解决问题。需要注重培养系统意识，摆脱习惯性思维的束缚，努力培养发散思维能力，建立起一种多元化的立体思维方式，多角度观察、思考问题。

三、旅游文化产品创新的意义

提高旅游文化产品竞争力的客观要求进行旅游文化产品创新。旅游文化产品竞争力体现在旅游文化产品具有的开拓市场、占据市场并且以此获取赢利的能力。普恩（Poon）的可塑性理论认为，旅游目的地若要不断提升竞争力，就要保持其可塑性，即不断地进行创新和变化。旅游文化产品时可以进行进一步细分的，是可变的，同时也可以根据市场的改变进行再塑。产品创新是市场策略的重点，旅游文化产品创新的实质即为吸引力的提升，即市场竞争力的提升。

实现旅游业可持续发展的基本途径包括旅游文化产品创新。随着旅游市场的发展，旅游者需求的变化和旅游业竞争的日益激烈，对于无论是把要开发的新产品还是已形成的旅游文化产品，均需要研究产品的创新问题。仅有创新，才会在激烈的市场竞争中处于不败之地。当前，许多传统旅游目的地的旅游文化产品面临的问题是产品老化，内容单一，主题重复，缺乏变化。所以，应积极进行旅游文化产品的创新。

四、旅游文化产品创新的特征

（一）时代性

根据旅游者的消费心理，坚持以市场为导向，把握时代脉搏，紧跟时代潮流，策划设计旅游文化产品，刺激产品的“张力”，促进新产品趋向流行。要根据市场需求的变化，不断地更新及提升旅游文化产品的竞争力因素，进而把产品周期的有限生命转化成无限的周期循环，经创新及竞争的交互式作用使得产品在市场上具有持久的活力。

（二）多维性

旅游文化产品内涵与外延的多样性及复杂性决定了产品创新的多维性，涉及因素各种各样，可以是一种需大量投资的物态创新，也可是一种精神创意，毫无疑问，精神创意的意义更大。它不仅包括旅游线路、旅游项目以及产品结构的优化，还包括服务质量的提高、产品品牌的提升、产品种类的增加、旅游大环境的完善以及旅游形象的构建等。

（三）超前性

旅游需求属于精神需求，旅游文化产品是以时尚消费的形式出现的。旅游文化产品创新要强调要激发出潜在的旅游需求，要引领市场消费潮流，缔造出创意引领市场的产业发展格局，即创造需求，开发市场，带动消费，引领时尚。因而，创造新型旅游市场和培育旅游消费群体是旅游文化产品创新的导向。参考旅游文化产品的时尚周期，对旅游者的消费心理加以分析，预测未来消费需求，推出新型旅游文化产品，通过创新来带动时尚需求，进而引导消费者的购买行为，这样一来才能够在竞争激烈的市场中先声夺人。

（四）持续性

创新不是一次性的，而是一个过程，即持续性创新。一个旅游文化产品开发出来以后，别的企业会效仿，竞争会加剧；即便保持独有的垄断性，受产品的生命周期决定，也会被新的产品所淘汰。因此，创新过程应贯穿始终，即“生命不已，创新不止”。

五、旅游文化产品的创新类型

旅游文化产品创新的类型主要有四种，分别为主题创新、功能创新、内涵创新、类型创新。

（一）主题创新

游客出游的理性化毫无疑问对产品提出了更高的要求，只有抓住市场需求，设计出多样化、个性化、具有明确主题的旅游文化创意产品，才会吸引游客，并且可以最大限度地满足人们的个性化体验。市场竞争需要主题，需求差异呼唤主题。主题指旅游文化产品的关键内容，是组合旅游文化产品及其相关因素后形成的统一的基调，蕴藏在产品中，与产品的具体形式关系密切。

主题创新为旅游文化产品开发成功的基础，对于旅游吸引力的形成和市场竞争力的培育具有特别重要的作用和意义。旅游文化产品主题创新的形式有很多，主题线路在旅游文化产品创新中是至关重要的，因为具有吸引人的主题的旅游文化产品可以给区域旅游发展带来可观的经济效益和社会效益。

（二）功能创新

功能是事物或方法所发挥的有利作用和效能；产品的功能是其使用价值；旅游文化产品的功能是旅游文化产品给旅游者带来的利益与体验。不同的旅游需求需要通过不同的旅游功能来满足。旅游需求的多样化需要旅游功能的不断拓展。由功能的不同特点，旅游文化产品功能可划分为主导功能、支撑功能、辅助功能这三种，不同的产品功能的构成也是不同的，在旅游文化产品功能创新时，应当做到层次分明，重点突出。

（三）内涵创新

现如今，旅游文化产品的问题主要包括：①存在较为严重的同质化现象；②替代性较强；③缺乏独特的竞争力；④缺乏根据市场需求对产品内涵的挖掘、不注重产品开发的创意和系列化，等等。这些问题使得很多旅游文化产品只有一次性消费价值，竞争力不持久。所以，要想对产品进行创新，必然要对原有产品的内容进行丰富，对其结构和形式加以改进。不仅要增加产品的实用功能，还要对其进行重新包装，并且要保证产品的质量，此外，还要强调产品的参与性功能的提升，使产品的内涵更为丰。另外，在主导产品的同一个主题下，可以构造“产品群”，增多产品种类，加强其系统性和系列化，完美衔接新老产品的开发和升级，使得二者相辅相成，相映成辉。

（四）类型创新

产品类型直接决定了旅游目的地旅游业的性质及特点，而产品类型取决于旅游目的地的市场及资源的双向比较因素。产品类型的创新主要指的是对原有产品进行的改进、质量的提高、新产品的开发。随着社会的不断发展，旅游者的需求也在不断发展变化，呈现出多样化和个性化，其求新、求奇、求异的心理日益增强。为了满足旅游者不断增长和变化的旅游需求，必须密切关注市场需求变化，不断地丰富和扩展旅游文化产品的内容，使旅游文化产品的类型更为多样。

六、旅游文化产品创新思想观念

（一）创新思想观念

创新的前提为观念创新，传统的观光旅游使许多人形成了思维定势，认为旅游文化产品就是旅游六大要素的组合，虽然也在不断推出新的旅游文化产品，但是大多只是外在形式或名称的变化，内容其实没有发生改变。主要问题就是观念没有改变，没有跟上时代的步伐，没有能正确把握游客的心理需求。需求导向是旅游文化产品开发的永恒主题和不变宗旨。要强调旅游文化产品人性化设计，体现出对消费者的人文关怀，并提供个性化的旅游服务，还要增强旅游内容的体验性，以实现旅游消费过程中与消费者的互动。

（二）创新开发理念

1. 产品市场细分定位

在设计产品时，首要考虑的不是有什么产品，而是有什么样的市场。当将体验作为游客购买的唯一产品，就不会再有传统的老少皆宜的产品。必须进行内部和外部分析，找到自己的内部优势，再根据市场的相关性定制特定客源的专项产品。

2. 产品策划设计内容转换

传统的旅游文化产品是吃、住、行、游、购以及娱等要素的综合。如果注意力集中于体验效果，那么这些内容显然已不能达到目的，旅游文化产品内容将由传统的要素组合向体验过程的设计发生转变了。

（三）创新技术手段

科学技术的发展为旅游文化产品的创新提供了有利支撑。在如今这个科技和信息时代，要想实现旅游文化产品开发水平有很大的提升，毫无疑问增强旅游可持续发展的科技内涵是有十分巨大的帮助的。通过技术手段的创新，可以从需求动机、消费理念和出游条件等方面给游客带来很大的改变，还会对旅游企业经营和旅游产业运行产生巨大影响。例如，电子商务技术和网络开发技术在旅游领域的普遍使用，旅游供给方式和旅游消费模式有了很明显的改变；现代化的声光电技术与旅游演艺的结合，产生了极具震撼的视觉冲击力，提升了旅游演艺的档次；自动控制技术、生物工程技术、环境科学技术以及工程建筑技术等也被运用在旅游目的地的建设中，使得旅游景观数量日益增加，旅游环境质量不断提高。在未来旅游文化产品开发方面，还应该继续吸收计算机技术、数字技术、遥感技术、光电技术以及无线通信等技术的先进成果，生产出更多品位高、质量高的旅游文化产品。

第二节 旅游文化产品创意的语意传达

产品的语意传达主要通过产品设计中的形态、色彩、材质以及综合特征展现给用户的功能性的语意传达和文化性的语意传达。功能性语意传达是指文化创意产品设计后所能够提供给使用者的具体功效；文化性语意传达是指产品设计后所呈现的文化内涵，既是显性的也是隐性。功能性语意的正确传达是基础，文化性语意的正确传达是提升，两者同时形成相互促进的作用。

现在看来，有的不成熟的旅游纪念产品忽略形式具有的深层意义和所要表达的隐性情感，只是将民俗文化符号的形式单摆浮搁。就旅游文化产品而言，使人产生联想，产生纪念、情感交互价值的目的很难实现。如果这些太过形式化的民俗符号在我们的生活中无处不在、随处可见，如果神秘的东方文化仅仅是现代产物的外衣，那么它们就会有时限，超过了一定的时限，就会被人们所厌倦，它们将不再为人们所熟悉，人们也不会再对此加以关注。

语意传达的准确性能够更好地体现其文创产品的功能与文化内涵。如图 3-2-1 所示的祥茶，在中国民俗中“吉祥”多被写作“吉羊”。羊，儒雅温和，温柔多情，自古就是与中国先民朝夕相处的伙伴，深受人们的喜爱。古代中国甲骨文中“美”字，呈头顶大角的羊形，象征着美好。茶道被视为中国传统生活艺术。它通过沏茶、赏茶、闻茶、饮茶，美心修德，领略传统美德，是很有益的一种和美仪式。将祥和之意以羊为媒介融合到中国传统文化——茶道之中，将羊的外形与茶具融合，给予一些中国古代羊图腾图案，能够将古代的中华民族特色烙印在茶具上。如图 3-2-2 所示的伴手礼，在我们的日常生活中随处可见。禅宗思想在中国人的文化中具有举足轻重的地位，从禅宗文化出发，用其中的佛手，荷花，莲叶，祥云作为设计元素，设计出了一套小巧惹人的青花瓷伴手礼。

图 3-2-1　祥茶

图 3-2-2　伴手礼

一、旅游文化产品创意设计的功能性语意传达

使人产生联想，产生纪念、情感交互价值的目的很难实现。如果这些

太过形式化的民俗符号在我们的生活中无处不在、随处可见，如果神秘的东方文化仅仅是现代产物的外衣，那么它们就会有时限，超过了一定的时限，就会被人们所厌倦，它们将不再为人们所熟悉，人们也不会再对此加以关注。

与设计的伴手礼相比较，如图3-2-3所示的青铜·气摆件，其准确地诠释了对摆件的"功能性语意传达"的设计表述。设计灵感来源于中国传统器物——青铜器，从夏商周到隋唐十二个朝代二十四个吉祥物青铜器。把吉祥物青铜器的动物原型与二十四气节相结合，通过卡通化、趣味化，设计成Q版形象，做成的异形抱枕。所谓画龙需点睛，建立了设计的大体块关系之后，形体的性格界定往往是由对关键点的归纳和总结准确及精练所决定的。设计之"功能性语意传达"，是能够打动用户，准确传达出更多情感诉求的关键，是对旅游文化产品形态处理的高层次要求（图3-2-4、图3-2-5）。

图3-2-3　青铜·气

所谓功能性语意传达则必然首先能准确传达根本意义。这里所举例的实践方案"书韵茶具"，茶具外观形态根据山东省少年儿童图书馆LOGO而来。（LOGO采用艺术化的"山"字和"少"字为元素，演绎成林立的书本和飞扬的风帆等，展现了山东省少年儿童图书馆鲜明的办馆宗旨与功能特色。"山"字代表山东地域特色，同时蕴含了"书山有路"的寓意。林立的层书又如飞扬的风帆，蕴含了图书馆鲜明的特点与内涵）而旅游文化产品最本质的属性就是寄托旅游者丰富情感的载体，没有能实现纪念目的的设计很难持续地发展下去（图3-2-4）。

图 3-2-4　书韵茶具

再比如说："印 · 象餐具"将彩印花布手工艺人张明建的作品元素提取，将其元素与餐具相结合。在太子煲的餐盖把柄部分的处理，采用的是彩印花布的典型图案的立体化，筷子托的设计也来源于其作品的元素提取立体化，使彩印花布的图案的图案在二维与三维中转换呈现，丰富的颜色餐具使其带有浓厚的地方氛围。张明建是临沂彩印花布的重要代表人物，这次选取的元素大多来源于他近期作品——中国梦，张明建这么多年彩印花布的创作精神是他坚持不忘初心的理念，也是一种沂蒙精神的传递。不过只是表达出了民俗符号的意义却没有妥善处理形态符号的话，整套产品看起来就会显得呆板、生硬，用户看了以后很难会产生情感共鸣，也是使设计构思没有发挥出有效的作用（图 3-2-5）。

图 3-2-5　印 · 象餐具

对于产品设计的“功能性语意传达”方面在日本瓷器的设计上表现得淋漓尽致，日本对餐具的要求特别高，餐具的设计都都有其与众不同的特征存在。有供单独的一位顾客使用的餐具，也有供夫妻或情侣使用的餐具，还有供五位客人或更多的顾客使用的配套餐具。通常他们会根据季节的交替使用不同风格的瓷器制品，盛放不同的食物，如图 3-2-8 所示。日本瓷器理念为“美食健壮人的体魄，美器则健全人的心灵”。这些民俗文化特征对日本瓷器制品设计的要求非常高。每个细分后的需求都需要表达出其自身的含义，否则不会得到市场的认可。用于“茶道”的茶具设计风格基本都是淡雅、纯净，使人联想到一些安静的场景如和风、水中飘落的花朵等。这些都体现了日本人对礼仪举止的要求，即可很好地控制自己的言行举止，而不欣赏针锋相对的言行和过于急躁的风格。体现出了茶道被用作训练集中精神或培养礼仪举止的初衷。

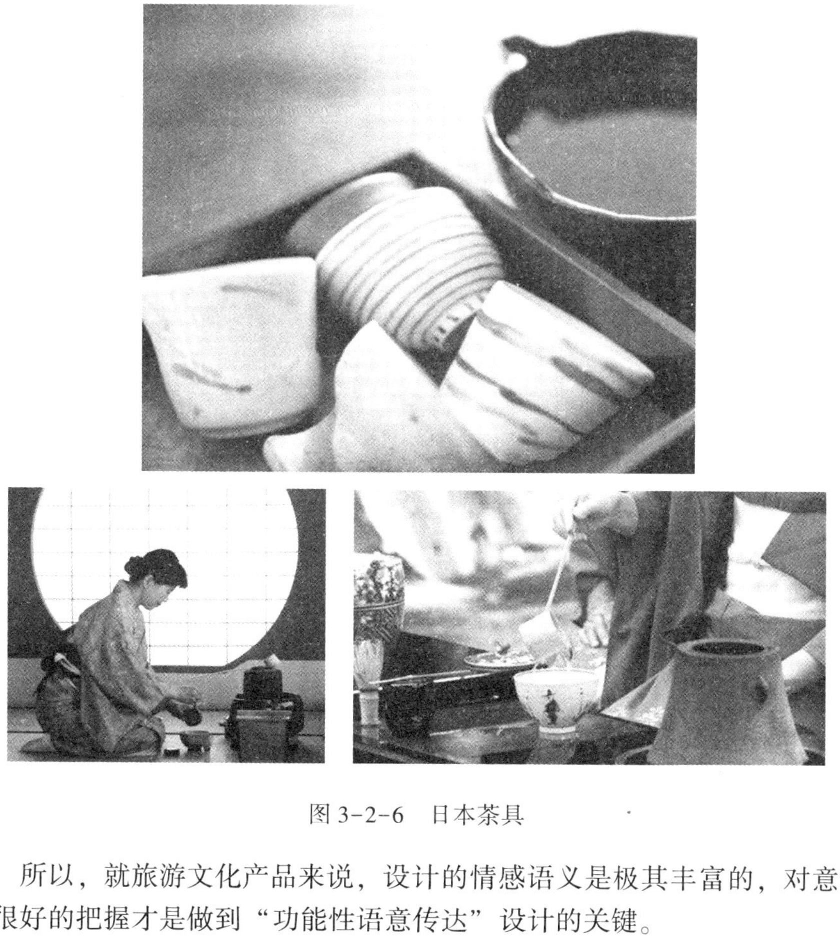

图 3-2-6　日本茶具

所以，就旅游文化产品来说，设计的情感语义是极其丰富的，对意义有很好的把握才是做到“功能性语意传达”设计的关键。

二、旅游文化产品创意设计的文化性语意传达

要想让观者对产品形成文化共鸣，就必然要充分表达出产品的深层含义，这样才能让观者真正领会产品所表达的意义，并产生一些联想，使旅游文化产品满足观者的需求，能够引起使用者对旅游过程的回忆，进而加深对旅游地文化的理解。可以说，“文化性语意传达”是“功能性语意传达”的递进。产品设计的情感语义要十分丰富，对于产品的情感基调应该准确地把握。比如说，英雄人物纪念馆的纪念品，整体基调为庄严、肃穆的，与之对应的形态元素符号也具备刚毅、坚强的特征。“功能性语意传达”而后“文化性语意传达”，是对民俗文化符号的最好的诠释。济南名人玩偶摆件的娃娃是以名人为原型，创意之处是每个娃娃身上藏有一张可以传递心意的纸条。娃娃的服饰、头饰等借鉴传统历史现象，具有很高的历史收藏价值。传承和发扬名人的精神品质和高尚思想。娃娃的材质选用的超轻黏土为水性材料，材质轻，颜色比较鲜亮，延展性比较好，做娃娃成型容易，粘性强，在干燥定型后可以保留很长时间（图 3-2-7）。

图 3-2-7　济南名人玩偶摆件

“理”“情”和“事”的发生，有着一定的因果联系。“理”是客观事物运动的规律；“情”是客观事物运动的感情因素和“自得之趣”；“事”则是客观事物运动的过程。在设计物的时候，首先应该从“事”入手，这是因为物是存在于“事”之中的。正如叶燮在《原诗》内篇中所提到的：“曰理、曰事、曰情三语，大而乾坤以之定位，日月以之运行，以至一草一木一飞一走，三者缺一，则不成物。……吾故曰：三者籍气而行者也。得是三者，而气鼓行于其间，絪组磅礴，随其自然所至即为法，此天地万象之至文也。”

旅游者来到旅游地去购买旅游文化产品时，他的行为会按照一定的思维模式来进行，例如是否符合自己的需要，商品的价格是否合理，商品的质量高低等。这些符合人的认知、目的、思维的逻辑即为事之理。在进行

旅游文化产品设计开发的时候，第一个要考虑的因素就是其规律。决定用户是否购买的因素包括用户的情感因素，即事之情。在人的情感性行为中，人的“目的性”是独立于意识之外的，是一种非理性的思维状态。因为环境中的某一事物勾起了旅游者的回忆或者产生共鸣，故突然想把它买下来；因为个人喜好而购买；因为商品的限量或商品打折促销想要购买；这些非理性因素对用户购买纪念品有一定程度的潜在的影响，所以旅游文化产品是否可以真正地打动人的关键就是设计者对情感因素的把握程度。

此款手机壳的设计运用了传统文化元素和当今流行的简洁主义相结合的手法形象取自清代冷枚十美图人物的典型特征。在颜色上都选择了高饱和度的颜色以及强烈的对比色以突显设计感和古典元素。在保留传统文化内涵的基础上，融入了现代流行的视觉元素，不仅使更多的人了解十美图，而且能满足现代女性的审美需求与文化需求。

图 3-2-8　山东省图书馆“十美图”手机壳

我们对情感元素进行深入分析可知，产品本身需要具备可以勾起人们回忆的情感元素，这样的产品才能和用户产生情感共鸣。这种元素是由形态元素创造出作为情感诉求点的民俗文化深层内涵所表达的情境意义形成的，不一定是产品的某种具体形态特征。

比如说日本的扇子设计“桧扇”，在绢制的扇面上散布着金银箔，色彩鲜艳。描绘的图案花朵盛大，一般是三重、五重花骨朵，体现出了优雅和纤细。例如彩绘人物的色彩也是奢华艳丽的。这些符号元素将日本桧扇在古代宫中作为装饰品的地位体现得淋漓尽致，同时反映出了宫中贵族的奢华。

就旅游文化产品来说，只有深入理解所要表达的民俗内涵，才能准确地挖掘出其中的情感元素。只有准确把握情感语义，才能做到“文化性语意传达”设计。

图 3-2-9 日本“桧扇”

三、“功能性与文化性语意传达”在旅游文化产品设计中的应用

通过分析设计领域的案例，确定“语意传达”是怎样实现产品对用户的深层情感表达的。

如图 3-2-10 至图 3-2-13 示为山东旅游文化特色的主题设计。其意义形态是对齐鲁旅游文化产品深刻的文化形态的刻画，是对“功能性语意传达”、“文化性语意传达”理念的准确应用，紧紧地牵系着购买者的情感。

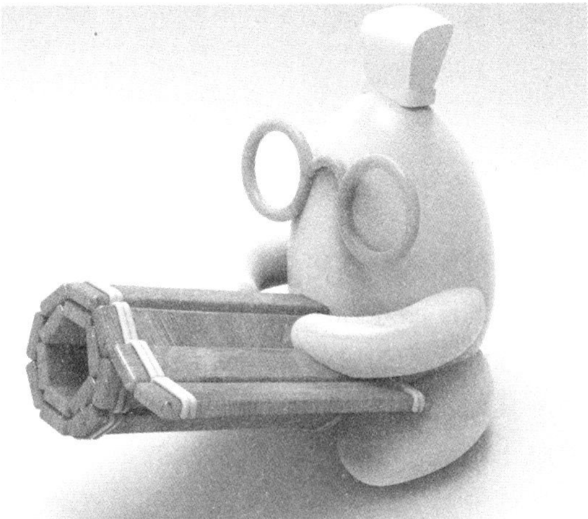

图 3-2-10 “书童”电动转笔刀

图 3-2-11，山东省图书馆处于大明湖湖畔，因此吉祥物的原型设计以具有大明湖地域文化的湖水、鱼鳍为主要元素，头部为水滴的形态，背部是以鱼鳍设计的翅膀，尾部与手臂为鱼鳍设计而来。吉祥物玩偶整体为蓝

色，因为蓝色代表着水，也代表着博大胸怀的精神。

图 3-2-11　水娃

如图 3-2-12 所示的“多此一举”容器设计利用人在使用茶具倒水时要把茶壶旋转 90°。以俏皮的形象传达出幽默的语意，构思巧妙。产品造型对“多此一举”的意义表达非常准确，对由此引申的产品“性格”，即产品的神韵表现得十分准确。

图 3-2-12　“多此一举”容器设计

如图 3-2-13 所示的共享叠杯，在我们不管是在外游玩还是野外生存，所携带的东西体积越小越好，这款分享式叠杯可以用一个杯子的空间实现四个人同时饮用，该杯子采用塑料制成，仿咖啡杯造型，通过螺旋式固定外杯和内胆，以达到便于携带及分享功能。

总的来说，我们在设计物的时候，第一个步骤就是要对物所在的事进行分析，事的发生一定会伴随理和情的发展。利用系统性思维方式对“事

图 3-2-13　共享叠杯

系统”进行处理，不同情境当中，有关于物的“理”与“情”的描述会对物的存在形式产生直接影响。为周邓纪念馆设计的旅游文化产品，若从周恩来为国辛勤操劳的伟人形象来思考，由周恩来的工作的情境展开设计，那么“理”则是设计元素被分析提炼的途径与方法。“情”则主导设计的基调，如庄重、严肃、沉静等基调。使得用户在第一眼看到旅游文化产品时，直接产生的瞬间感受就是以上形容词描述的感受。对于旅游文化产品的设计开发需“功能性语意传达”，通过设计的“理”将产品要表达的意义表现出来。把富有地域特色的标志融入到设计中，使得产品更有纪念的价值，使消费者感到有收藏和纪念意义而购买。

产品向用户传达语意的一个有效途径就是对“功能性语意传达”“文化性语意传达”的正确把握。例如马克思衔着烟斗专注的样子也非常具有代表性，类似性的烟斗形态已不再是某一旅游地的地方特色，游客在回忆旅游过程或是将旅游文化产品转送他人时的深层次情感需求将很难得到满足。再如去英国侦探小说中夏洛克·福尔摩斯的家里找寻名侦探的影子，对于这样的一个旅游地，在设计具有特色的烟斗时，如果完全按照书中描述的样子制作，那么当用户将这款烟斗带离旅游地后，由烟斗所传达的语意就会由于脱离了特定的存在语境而被其他以“烟斗”为语意载体的语境所弱化。产品设计应该做到“功能性语意传达”和“文化性语意传达”，这是产品引导用户思考、吸引用户的重要保障。日本富士山曾经被诗人安积艮斋誉为：“万古天风吹不断，青空一朵玉芙蓉”，是日本的象征，日本人将其奉为“圣岳”“不二山”，山上的空气被赋予语意：“无污染、含氧量最浓的，富士山特有空气”，把空气用铁皮罐子密封包装起来进行销售。

实际上空气本身是无形的，但是这种无形的产品却能准确地抓住旅游者在游玩时呼吸到富士山空气时的美好心理感受，进而彰显了富士山的美“意”和手捧空气罐子时对旅游时各种经历和景物的回忆的“神”，从而准确地表达出了“功能性语意传达”和“文化性语意传达”。

第三节　旅游文化产品创意的情感表达

旅游文化产品的“情感表达”在很大程度上对设计中“美”的把控，因此我们把情感表达在文创产品设计描述为“情感表达”及“情感表达的尺度”。

一、情感表达的涵义

设计中的情感表达源于产品中的情感设计，它指的是以人和物的情感交流为目的的一种创作行为活动。设计师通过设计手法，对产品的外观、材质、颜色、点、线、面等元素加以整合，使产品能够通过形态、声音、寓意、外观形象等各方面影响人的视觉、听觉、触觉进而产生联想，达到人和物的心灵沟通，从而形成共鸣的表达方式，换句话说，设计的情感表达可以让产品带有情感，能与人心灵沟通，产生共鸣。

旅游文化产品作为产品所表达出的功能性，并非以实现其基本物理功能为主体。如图3-3-1所示，构成“购买”目的的原因当然不是因为购买者看中了餐具具备筷子的最基本使用功能，更重要的是被它其他的功能性所吸引。该套餐具运用山东省图书馆的标志，将餐具做成可拼接的样式，提高使用者的动手力和乐趣。

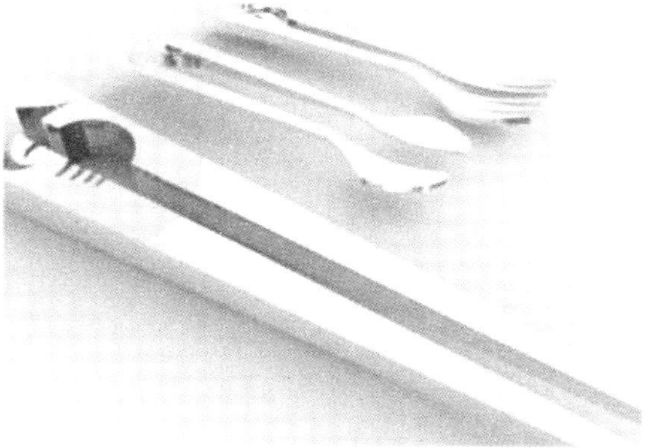

图3-3-1　餐具·拼

文化创意产品的意义不在于包装的繁或者简，关键的是情感表达。例如，当国产有机大米与日本大米正面交锋时，从米的本质来说，无论是国产有机大米还是日本大米都是十分优秀的。不过中国北京所生产的有机大米却不能被称作“旅游文化产品”，最多可以叫作“旅游特色食品”。对比日本大米和北京产有机大米，可以发现它们对于“情”的把握是有差异的。北京产有机大米只是单纯的“产品”，若购买回去，除了被吃掉留下口感的描述以外，没有其他的作用。而日本大米则是承载了不同“情感”的纪念品，看着这精巧的东西，会让人舍不得吃掉，会想起当时的情景。日本某地的大米成了“丰收、爱情、长达成人的喜悦”，因为“情”的存在，米吃在嘴里其香味会更浓，“意”也更深。这样一来，日本大米的品质在无形中就被提升了。使日本文化以鲜活形象浮现在我们的脑海中。

日本京都丹后产的名为“初音”的大米，轻飘飘的口感和柔和的粘性，就像是京都的女性气质，像是祇园伴奏的初音，并由此得名。这个特质从产品的整体风格中就可以看出来，素雅而不失厚重。设计表达非常到位，其旨意为清晰的情感表达。

目前，中国的旅游文化产品市场，呈现出普通游客能接受的中低价位的工艺礼品普遍存在的一个问题就是缺乏创新，尤其是缺乏对于产品“情”的把握，由此便出现了这样的情况：要么游客认为旅游文化产品的价格太高，要么就是不想买，“传统工艺”孤高冷傲，少有人问津的尴尬。不管旅游文化产品的产业化还是有政府的帮扶，如果没有情感的注入、缺少创新，那么这样的产品是没有办法反映出当地的旅游特色的，更不会引起游客购买的欲望，导致最为直接的后果就是后续的投入都将没有意义。“民族的才是世界的”，如何将中国的民族特色有效地传达出去，旅游文化产品应该通过怎样的形态去承载这些具有特色的文化，这些问题引人深思。

如图 3-3-2 所示的国产品牌“三只松鼠”是由安徽三只松鼠电子商务有限公司于 2012 年强力推出的第一个互联网森林食品品牌，代表着天然、新鲜和非过度加工。“三只松鼠”采用网络销售这一新模式，在上线 65 天内，其销售在淘宝天猫坚果行业跃居第一名，花茶行业跃居前十名。其在包装设计、产品附加功能设计、营销策略以及品牌经营上都走在中国同类品牌之前。包装设计注重原创形象管理，通过“三只松鼠”品牌形象推广的有关所购买食品的健康饮食卡、健康笔记本等主题清晰、造型可人的附加性产品也使“三只松鼠”产品的竞争力更强。其营销模式采用网络推广，对市场灵敏度高，可以结合用户需求极快做出积极反馈。包括包装设计、标识设计、周边产品设计等一系列完整的品牌创意理念下，“三只松鼠”体现了信息时代文化创意型新兴企业经营模式的勃勃生机与强大的市场竞争力。“三只松鼠”品牌的成功经营，为文化创意理念如何应用于实际旅游文化产品开发，怎样找到适应中国市场的地域性方法开辟了新的思路和路径。

图 3-3-2　国产品牌“三只松鼠”休闲食品

文学作品中的“情在词外”的表达使通过有形象感的“文”“词”来完成的，而并不是逻辑关系的简单描述。设计作品中产品所蕴含的情感也不例外，也要依托于一定的载体表现出来，即“形”“色”。一方面，情在词外，义生文外，情感的强烈倾向性，并不是说一定要通过“文”或“词”直接地表达出来；另一方面，如果完全脱离“文词”是无法将“情意”表达出来的。要解决这个矛盾，可以通过情感来进行表达，即通过“文词”组成生动可感的形象。在产品中注入情感，实际上很难找寻到直接具有逻辑关系的形态符号，但是一组恰当的、高贵的情感倾向性的“形态符号群”经过逻辑关系重组之后，可以准确地传达出其中蕴含着的“情与意”。

二、“情感表达”对旅游文化产品的影响和应用

情感的表达及情感的尺度这对范畴就像是事件的首尾或这可以说成硬币的两面，两者之间的关系是相互依存的，共同作用于设计，情感表达的魅力表现为对设计蕴含的内涵意义的含蓄表达，产品形、色、材的准确性而又不过度表达和滥用，并非直白的表达，而是通过婉转含蓄的方式去引导用户主动地去认识和理解产品的设计理念。流水别墅没有采用包豪斯时代常用的平铺直叙的方式，也没有采用很多装饰性的线条去表达复杂的形态，而是将形体的自然张力融入环境，就像是海中的一轮明月，虽然璀璨耀眼却不会显得跳脱。在一年四季的色彩和不同材质的使用中体现出了产品强大鲜活的生命力，充分演绎了天人合一的境界。流水别墅对“情感表

达及尺度”的共同作用效果表达非常明确。一方面，流水别墅本身具有自然生命力，没有采用平铺直叙的表达方式，也没有用绿叶或树桩、假石的造型直接告诉人们所要表现的为自然。这一建筑最为出彩的地方就是它自然的气息及强大的生命力。通过无形以外的情与意，准确地表现出设计者的创作理念和思想；另一方面，如果完全抛开形象，同样是无法传达“情与意”的。所以说，要想产生可以引起用户情感共鸣的优秀设计，就必须做到情感表达及表达尺度的拿捏，协调统一进而共同作用。

旅游文化产品面对用户，承载着用户对旅游地的情感寄托；面对社会，承载着传承当地的旅游文化、实现经济价值的重任，对于旅游文化产品的审美价值、实用功能、情感互动等各个方面的需求，旅游文化产品的多个角色决定了它具有多义性。怎样最大限度地表达出这种多义性，同时还要突出重点，主次分明，对于情感表达的多义性理解与应用是特别重要的。设计情感表达的核心是气韵的把握。设计中情感表达的尺度拿捏的关键在于细节的处理。

如图 3-3-3 所示的翎毛花卉台灯，设计参考来自山东省图书馆珍藏的文物明仇英《翎毛画册》，仇英是花鸟画高手，其风格柔淡而温婉，意境雅致而明丽，该设计采用简化的设计手法，用剪影的方式在红木上激光切割出翎毛花卉图形，台灯圆形外框采用红铜材料加工而成，边框内侧设置有 LED 光带，开灯之后，如同一幅活起来的翎毛花卉图画，该设计使珍藏在博物馆的文物活起来，是一款具有商业开发价值，适合量产，符合大众审美及消费能力的文创台灯。

图 3-3-3　翎毛花卉台灯

如图 3-3-4 所示的云南少数民族凤凰城地区的首饰设计，具有鲜明的特色，其特征为朴实中透露着精彩，厚重中夹杂着灵巧。如图 3-3-6 至图

3-3-8 所示的少数民族制作的首饰，在不同的手艺人手里会展现出不同的性格。有的热情，有的含蓄，有的成熟，有的娟秀，一个个绣片仿佛一位位具有鲜明个性特征的云南女子，充满活力。因设计者在绣片中加入了自己的情意，所以绣片所体现出来的“象”可以说是云南女子宇宙观的体现。象的气韵，源自云南女子对于生活及云南自然环境的热爱。

图 3-3-4　云南首饰

图 3-3-5　云南手工绣片

图 3-3-6　手工绣片与银器装饰结合

图 3-3-7　云南旅游文化产品商店

受地域、文化、经验等影响，其审美意象蕴含的情感自然也就不会完全一致，它是繁复的，而非单一的。“我爱听相声”，有可能是从小受到生活环境的影响，经常接触相声，久而久之受到了熏陶，也有可能是被相声的幽默桥段所吸引，还有可能是相声演员自己通过讽刺现实的口吻来宣泄。生活中，人们喜爱某一个事物的原因可能有多方面，所以，人们天马行空的大胆想象不应该被设计禁锢住。情感表达尺度的把握不同于过分雕琢，设计如果为受众做的太多，反而会缩小人们的想象空间，这样的话就在很大程度上减少了购买者与旅游文化产品之间产生情感共鸣的机会。

一块源自海南的著名景点“天涯海角”的石头，成功男士把玩它，是沉稳的美；身处异地的情侣看待它，是甜蜜、相思的美；情感丰富的妙龄少女，把它放在盛满海水的玻璃瓶子中，对其他异地的情侣们产生同情之美……一块石头经过设计加工以后，就会成为蕴含丰富的情感，如果设计的好，就可以协助受众完成他的想象。“隐”与“秀”的恰当结合，必然会产生“气韵生动”的良好效果。

几乎全日本的街道和工厂都带着“常滑”的标记，因为常滑制造的烧酒瓶、土管和电缆管都是必不可少的工业用料。不过现在常滑的陶瓷烧制已从工业生产转为工艺创作。日本常滑小城建在一个个小山坡上，“陶瓷器散步道”就在这些山坡之间穿梭。在散步道沿路可以看见许许多多个性小店，出售自家创作的陶瓷艺术品。这些作品既有传统和式的温婉，也有个性的现代风格。陶瓷作品最为丰富的当然是常滑陶瓷器会馆，如图 3-3-8 独立设计师将自己的作品放到这里寄卖。会馆里还有形形色色的招财猫，有的举左手，有的举右手，有的举着双手，分别代表不同的美好寓意。招财猫憨态可掬的形象有着深刻的寓意，对常滑小城的所谓“招财猫品牌文化”做出了完美诠释。设计之“情感及尺度”表达准确。

图 3-3-8　招财猫

图 3-3-9　日本常滑设计师作品

三、情感表达尺度的涵义

情感表达尺度是对审美意象的一种规定。审美意象应该鲜明生动，可以直接感受。同时情感的尺度在设计中需要体现的恰到好处，尺度拿捏不好则会影响设计的表达，或粗俗或情感不足，都将不利于文化创意的传达，引起消费者的反感。

然而，情感表达与其尺度的拿捏并不冲突，其关键在于抓住旅游文化的核心内涵，将其审美意象利用文创产品的形、色、材进行有机转换。中国的有着原生态特征的一些工艺品，比如云南的瓦猫，其造型怪异，有一种古朴之风，看不出来“刻意雕琢”的痕迹，甚至有一些粗糙，不同于当前对美的普遍定义，它的制作加工采用了大而化之的线条。但是，人们在看到它的时候，无法忽视它的美，还是可以从中看到它的灵动和华彩，体会到其生命之美。

实际上，云南瓦猫是当地人置于屋脊正中处的瓦制饰物，由于其形象与家猫很像而得名，其原义是能食鬼的老虎。它的功能是避邪纳福、镇宅。如今，瓦猫已经成为一种特色鲜明的民俗，广泛流传于云南昆明、楚雄、玉溪、大理、呈贡、曲靖、文山等地。当然，由于不同地区的民俗文化和审美观念等的不同，不同地区的瓦猫的形象自然也有着很大的区别：玉溪瓦猫看起来像是留着胡须的巫师；呈贡的瓦猫看起来像是一个天真无邪的孩童；鹤庆的瓦猫造型有一种夸张之感；曲靖的瓦猫则是将八卦夹在了前腿，等等。瓦猫所具有的强调生命力实际上是对美的一种概括，同时也是对情感的一种宣泄。再比如说乐曲梁祝，有外国人在听到梁祝这首曲子时会流泪，问及原因，他答道自己并不知道这个故事所讲的内容，但是却莫名让人感到悲伤，在他的理解中，这首曲子蕴含着一个伤感的故事。从中可以看出，乐曲的设计事实上已经打破了单纯视觉美的界限，它可以让人产生情感的共鸣，是有着情感尺度的准确而生动和可感性的优秀作品。

四、“情感表达尺度”对旅游文化产品的影响及应用

要想设计出一件优秀的作品，不单单要具备一定的艺术功底，还要对美有很好的掌控。设计要求设计者将“美和艺术”融入产品中，使产品具备强大的市场竞争力。特别是对旅游文化产品来说，其特殊的消费人群和开发动机，更是决定了设计者要明确“情感尺度”的本质，对其进行系统的分析，充分体现出产品的生动性及可感性，把会与受众产生“强烈情感共鸣”的设计的美逐步融入产品的开发当中。

对于旅游地某事件、著名景观、人物的再现，实际上也在旅游文化产品开发范畴之内，而且渐渐地已经成为重要的开发内容。这种类型的旅游文化产品在中国的数量并不少，但是，普遍存在一个较大的问题就是，缺乏设计要素，这就导致很多模仿显示类开发思路的旅游文化产品逐渐步入一个误区：仅用“工艺精细度”来评价产品价值，通过手工艺技能或者加工成本的高低来区分地摊货和高品质产品，而形式上的创新几乎没有。很显然，单纯的“形式”是不会展现出“生动气韵”的，更不会打动游客。对比日本、韩国等旅游文化产品开发较为成熟的国家能够看出，一款零钱袋、相扑娃娃等，利用机械化生产能够降低产品成本，提升产品的品质和精致度。而且，还可以体现出当地的文化和地域特征。每一个产品都会让旅游者认识和了解当地文化，并形成对当地的印象，这样的产品是具备生动性和可感性气质的优秀作品，甚至于当地人也会由此产生自豪感。毋庸置疑的是，设计的“生动性”表达是旅游文化产品表现形态处理原则“情感尺度”的重要手段，设计是解决加工成本与旅游文化产品的品质间矛盾的途径之一。

五、情感表达及情感尺度的关系分析

旅游文化产品的设计必须要让人看得懂，要与用户之间存在情感交流，否则是无法满足人们的情感需求的。旅游文化产品具有特殊性，它除了要具备产品的一般特性以外，还要蕴含一定的文化内涵、艺术性，要体现出传统工艺的价值，同时还要满足多层次的情感需求。所以我们一直在反复强调，产品设计中的情感表达及情感尺寸的把控显得尤为关键。

情感表达和情感尺度一是说设计作品需要具有生动的形象，一是说设计作品不直接说出来的多重的情与意。情感表达与情感尺度从本质上来讲，是相互统一的，同时也是相互对立的。情感表达强烈，同时也夹杂着一些克制，没有平铺直叙的表达，而是通过生动具象的形象将情与意表达出来。

情感是通过特征鲜明、灵动的设计形象来传达的。即使运用了大量华丽辞藻，也未必就会形成“情感表达”恰到好处的艺术形象。因此创意产品尽管具有形式美，但是并不意味着对应的就是灵动的设计形象。对于情感尺度的表达，则需要丰满又克制。比如说晚清的家具，从某一方面来说，太过复杂繁琐的雕琢，的确可以展现工匠的精湛技艺，但是需要承认的是，其设计美学的表达与明朝家具的典雅和简约相比却成为下品。对情感尺度的把握，是对设计的整体思路及服务于整体的细节的表达。那些具有情感尺度特质的产品，可以说是对设计主旨系统、全面、生动的概括。

设计中，失去对情感表达尺度掌控的产品，其成型的各细节没能做到为整体服务，没能与“事系统”的各要素发生关联，在使用环境中是孤立的，便出现了跳跃，显得与所处情境不和谐。

日本旅游产业将售卖富士山的空气这个生意做了起来，创造了非常巨大的经济利益。空气本身是不能设计的，但是日本旅游产业设计的这款旅游文化产品的设计也没有在装空气的瓶子上浪费太多笔墨，一方面是因为空气才是真正的主体，不需要其他多余装扮，否则就会有喧宾夺主之意，另一方面是因为空气要体现富士山的气质，即清澈、富于生命力。由此，再加上富士山及日本的标识性特征，考虑旅游者对旅游文化产品的客观需求，最终完成了设计。旅游者被富士山的壮阔美景吸引和震撼之余，就会毫不吝惜地购买这富有生命力的富士山的空气。因为旅游者会有带走“富士山的情”的想法，会被她的清澈、壮丽、鲜活的生命力所吸引和流连忘返。整个过程体现了情感尺度把控而不是仅为噱头，而产品投放后的成功也又一次证实了对“情意”的把握，这个“度”的重要性。

图 3-3-10　富士山空气瓶

晦涩的语意往往与繁复的雕琢或者过分的夸张造型有直接关系。“情感尺度”一方面，设计所要表达的“情与意”是比较复杂的，它不是纯粹只有一种情感。我们依然以“富士山空气瓶”为例进行探讨，恰当的“修饰元素”能够很好地传达情感，恰当地协调情感尺度。富士山的空气瓶等旅游文化产品十分注重“情感需求”的满足，为了表达“对富士山的情与意”及“富士山对受众的情与意”，还有旅游者特殊的消费心理，富士山的空气瓶设计的“修饰元素”就要做到以简单的符号表达复杂的情感语意，从各个使用阶段引起人们的不同的联想，进而满足上述层面的“情与意”。另一方面，是设计表达的“情与意”，并不完全等同于绝对的逻辑关系。例如，符合“人之情”的产品不一定会合乎“事之理”。曾经“人机键盘”在理论上被认为比现有的保准键盘更符合人的使用尺度，用起来更加省力，其设计更加合理。然而，这样合乎“事之理”的产品却没有在市场广泛普及，究其原因，是因为它不合乎“人之情”。人的情感是由人的认知习惯、生活方式以及文化背景等多方面因素所产生的差异性情感需求，在某种特定环境下，人的情感将会决定产品的存在方式。要把握产品的“情与意”，必须要结合事系统进行细致且全面的分析。旅游文化产品因其对情感的特殊属性，所以必须要恰当地协调设计的情感尺度。

六、旅游文化产品的生动性特质

旅游文化创意产品的生动性主要通过产品表面特性的造型特点而直观展现。造型要素是超过 90% 的旅游文化产品具有决定性的构成部分，而且，非物质旅游文化产品的包装及承载造型的优劣也会直接影响到产品的生存问题。旅游文化产品如果要传达出生动性，那么关键是要好好处理形态（图 3-3-11）。一般情况下，我们可以将形态解释成物体的形状、姿态。形态作为艺术创造的有效载体，指的是带有人类感情及审美情趣的形体，指的是各类具体的艺术形态，比如说产品形态、手工形态、建筑形态、舞蹈形态等。旅游文化产品从属于产品和手工艺术两个分支，其形态设计应该体现出“生动性”，必须要把握住“文化性语意传达、功能性语意传达”的表达。这正是对形态概念的最为恰当的概括。设计的情感表达，其关键在于如何更好地向受众传达出设计者的世界观和审美意境，如何让受众看到产品之后与之形成情感共鸣，简单来讲，就是如何实现产品的“语意传达”。实际上，模仿一个形态是非常容易的，但是想要提炼出其形态隐含的“情与意”并表达出来，绝非易事。

图 3-3-11　山东高密民间泥塑-泥老虎

如图 3-3-12 所示为模仿福建土楼造型的一款旅游文化产品，单单从形体的比例和细节处理方面来看，几乎和真正的土楼没有差别。但是，这款没有“情与意”的模型中，却完全看不出来土楼的历史渊源，也看不出来土楼特有的一些文化因素如聚族观念等。福建土楼位于闽西南山区，是福佬与客家民系交汇的地方。过去土楼所处地因地势险峻、人烟稀少、野兽出没频繁，盗匪很多，所以会“聚族而居”，渐渐地成为中原儒家传统观念要求，而且在这样特殊的人文和自然环境中，也是一种聚集众人力量、共同抵抗外敌的现实需要。由此便开始出现了福建土楼。它是生土高层建筑类型，合理利用山势的客观条件，布局十分合理，吸纳了中国传统建筑规划的“风水”理念，达到了聚族而居的生活和防御的要求，采用的材料取源于山间狭小的平地和当地的生土、木材和鹅卵石等，其主要特点为节约成本、坚固、防御性强，而且美感十足。根据史料的记载，一次七级地震使永定环极楼墙体震裂 20 厘米，令人惊讶的是，它竟然自行复合了。这些独具特色的山区民居建筑，将生土夯筑技术推向了极致。福建土楼的造型比较奇特，所以旅游文化产品设计的关键就是要抓住这种奇特造型的精髓，在造型中融入中国福建地区少数民族的智慧及克服艰难险阻的勇气以及对传统道德观念的坚持，才能体现出才是福建土楼的真正的美。故只有真正把握住这些隐含的要素，我们才有可能从形态设计中体现出福建土楼的“情与意”。只有这样，这款旅游文化产品才会更加地动人，除去单纯的形似，获得具有“情与意”的设计美。

图 3-3-12　福建土楼

第四章　旅游文化产品创新设计

旅游文化产品是一个宽泛的概念，是旅游产品各种表现形式的集合。一款好的旅游文化产品，应该是经过全方位的开发设计的、深度思考的、结合实际需求的产品。本章在对观光旅游产品、休闲度假旅游产品、商务旅游产品、专项旅游产品的基本内容进行介绍后，重点对产品的创新设计进行了详细的阐述。在旅游产品设计体系中，可以将旅游文化产品分为基于民俗文化传统所做的创新性旅游文化产品；在传统文化基础上进行设计的具有时代感、时尚前卫的创意时尚型旅游产品；继承了原始文化特性，根植于民俗文化的传统手工艺类旅游文化产品。

第一节　旅游文化产品创新思路与方法

旅游文化产品的设计既要体现其基本实用功能，也要满足人的精神需求。随着人们自身经济水平的提高以及对生活品质要求的提升，出门旅游的思想观念也有所转变，对旅游经历和旅游所购买的产品也提出了更高的要求，老旧的纪念品的设计方法已经不能完全符合大众旅游商品要求的旅游文化产品的设计。因此，这就要求设计师必须寻找新的元素，用自己的创意思维开发新颖的、奇特的、能够满足大众游客心理要求的产品，达到契合游者心理上对产品的认可。换句话说，就是要考虑用户的多元需求，与旅游者产生情感的共鸣，在传承与创新间寻求传统与现代的融合。

一、产品功能的实用化设计

与传统的旅游产品相比，现有的旅游文化产品不仅涵盖了传统旅游纪念品、工艺品、农副产品，也已经将化妆品、服饰、文具、家居用品、电子产品等生活类的工业品包括在内。旅游文化产品越来越倾向于生活化、实用化设计，这类产品已经在整个旅游文化产业中占了极大的比例，也是旅游文化产品开发的必然趋势。

一款好的旅游文化产品，不仅要蕴涵独特的文化内涵，同时还要具备良好的实用性能。设计师将提取的文化元素进行具象转化，结合日常生活产品的实用功能性，完成一件“接地气”的产品，这种以人为本，为人所用的设计理念是旅游文化产品设计的基础与前提。

二、产品注重文化元素融入

作为在多领域有杰出设计成就的设计师，喜多俊之曾说过：“好的设计是一个有灵魂的设计。一个有灵魂的设计，使用者才会珍惜使用。要成为一位好的设计师除了技能之外，更必须了解自己的文化并热爱生活。”旅游文化产品的灵魂是文化。旅游文化产品的开发要突出地域特色，同时要体现出地域文化。众所周知，地域特色是开发旅游项目的主要资源，也是游客选择此地游览的直接原因。在此基础上，旅游产品的设计就应该抓住文化元素，将文化特色融于产品之中，如旅游区特有的地形风貌、历史遗产、与名人相关的旧居和传奇事件等，其中暗含的文化内涵，都能够引起人们要一探究竟的冲动和被其深深吸引的情不自禁，设计师只要能将这些文化元素提炼出来并呈现在产品之中，就会获得人们的认可并希望占有这样的产品。

另外，享誉国际的日本设计师——原研哉，他认为：“设计最重要的不是形状、颜色，而是人会如何感觉。”旅游文化产品设计同时要在要在生活实用化设计方法的基础上，注重对产品的“精神意境”元素的塑造上。如图 4-1-1 所示，该设计以钟为灵感来源，钟为古代乐器，佛教传入中国后，始成为寺院法器。钟声悠远，能进化心灵，意境空幽。这款晨钟系列作品包含茶壶、茶杯、茶仓及茶构，设计团队特别设计了一个胡桃木立架，将钟造型的茶杯吊挂于上，就像是古代悬挂钟一般，同时也能达到收纳的效果。搭配的茶构，用以舀取茶末，还能当作是撞钟的钟槌，兼具实用及创意巧思。茶仓盖钮及茶杯底脚的莲花造型的纹饰，是象征佛教的吉祥之物。提梁壶的设计也很巧妙，提把需旋转 90 度与壶盖卡榫，方能固定，而提把的造型则是呈现山门的佛光普照。透过敲钟与茶道的结合，阐扬现代禅学的概念。该设计产品在使用时，呈现的内涵也会区别于其他普通茶壶，即从别具一格的操作开始，意境已经从行为上开始有了传达，由行为接收再传递到心境层次，最终到达人的精神境界，内含渗透过程逐一而终、由浅入深。

一件成功的旅游文化产品必须有感情、有激情、有故事。对旅游文化产品的文化含量要求，是游客在进行旅游购物时更深层次的追求。实践证明，文化特征越鲜明、文化品位越高，也越受欢迎。

图 4-1-1 《晨钟系列茶具》（艺拓国际股份有限公司）

三、产品造型的现代化

旅游文化产品造型的现代化体现在产品的趣味性、时尚感中。所谓时尚，是时与尚的结合体。所谓时，乃时间，时下，即在一个时间段内；尚，则有崇尚，高尚，高品位，领先。时尚在这个时代而言的，不只是为了修饰，而已经演化成了一种追求真善美的意识。在旅游文化产品设计当中，也应该注意时尚性的表达，通过不断自主改变造型的方式来强调产品自身的价值，掌控和左右消费者的期盼，以其吸引广大年轻游客的购买欲。随着传统手工艺的复兴，手工艺成为设计中的一支重要力量。时尚的设计与手工艺特性的结合使机械产品更趋向人性化、诗性化设计，这也符合当下一部分人所崇尚的“艺术化的生活”的理念（图 4-1-2）。

图 4-1-2　天圆地方系列茶器设计（耿宪东）

趣味是产品在使用中与使用者形成的一种轻松愉悦的互动，趣味的产生与产品本身、使用者感受以及所处的环境息息相关。趣味性是提升旅游产品附加价值的一种重要手段。设计师在把文化内涵寓于产品中的同时，又将自己的创意呈现在产品形态上，或卖萌或奇葩或时尚，赋予其情感、生命，传达出风趣幽默的情感信息。使旅游文化产品具备亲和力，从而带给使用者有趣的联想，自然而然地对其产生情感；使旅游者感觉轻松、愉悦，从而产生良好的情感互动。

四、文化元素的符号化

旅游文化产品的设计实质上是一种文化设计。每个地域、民族都有承载着其独特文化内涵的符号，每个文化都有其深藏的情感符号，具有启动生活、消费的最大力量，好的旅游文化产品都应该具有这种文化符号。大到对一个地区民族风格、气质展现出的印象，如桐花祭中以“一朵桐花”和客家文化为基础的数以百计的桐花文创产品；小到一件产品记忆点，如以清朝官员顶戴花翎为创意来源的顶戴花翎官帽防晒伞的设计。文化符号是文化创意产业发展的灵魂，这是旅游文化产品的设计必然不能忽略的设计方法。

五、产品载体的多样化

随着近些年文化旅游、文创产业的发展，传统旅游产品的种类已经不能满足消费者在文化、使用、纪念等多角度的需求。在旅游文化产品的创新设计中，除了传统的产品载体外，还要拓宽思路，将大旅游商品的概念引入到旅游文化产品的设计创新中。可以利用文化用品、日常用品、小型家电、健身器材等，与人们日常生活息息相关的物品，结合本地特色文化信息进行创意设计。增强产品的地方色彩、文化内涵和纪念意义。图4-1-3是以大理彝族的当地特产小核桃为原材料和创意点进行设计的一套日用家居产品。设计者因地制宜，将当地特产的小核桃经过切割整合并结合当地的木材设计了这套具有地方特色和民族风格的产品。

图4-1-3　《合木系列》（熊家兰）

六、产品题材的创新

一件好的旅游文化产品，除了考虑造型、色彩、材质、工艺等外在形式表现外，还要把具有广泛认同度的文化元素植入到产品设计中，与消费者在情感方面建立共通认同。一个好的故事、具有地域特色的节庆文化、带有美好寓意的形象、能增加文创产品的厚重感、能够在旅游者心中留下深刻并且长远的影响元素，使产品变得生动、有趣、感人。例如台南曾有“千庙之城”的美称，不同的庙宇供奉着不同的神明，并且都有着各自的典故。而大天后宫、大观音寺、重庆寺、祀典武庙中都供奉了月老的神像。月老是人们祈求爱情所要供奉的神明。当地就以四大月老为原型推出了府城四大月老纸公仔系列产品。以米粒造型将神祇趣味化。寓意无论是寻缘分、说姻缘，还是企盼夫妻和谐，这款产品都会为到当地旅游的游客牵起红，搭鹊桥（图4-1-4）。

图 4-1-4 《四大月老公仔系列》(摩 X 创意)

第二节 创意时尚型旅游产品设计

一、创意时尚型旅游文化产品设计综述

创意时尚型旅游产品设计注重对现代与当代文化元素的处理和提炼。前期要进行周密的前期调研和数据分析，包括受众群体定位、购买者的心理需求、产品的开发周期、后续产品的开发方向等。后期结合现代设计理论，对具有强烈时尚特色的产品进行开发。

来自瑞士有弗雷塔格兄弟创立的用卡车遮雨布制作的造型独特、气质粗犷的创意包袋品牌 FREITAG，最初以遮雨布为材料制作包袋，正是为了让它适应旅途中恶劣的天气。弗雷塔格希望让消费者了解，无论在什么样的旅途中，弗雷塔格包袋都将是最忠心和尽职的伙伴。两兄弟通过深入挖掘品牌精神，制定品牌策略，力图为弗雷塔格建立清晰的品牌文化形象。如果说环保是弗雷塔格的品牌核心精神，那么旅行则是这种精神的载体。这是将旅行与文化结合开发的创意时尚型旅游文化产品的经典案例（图 4-2-1）。

图 4-2-1　弗雷塔格包

苏州博物馆 2013 配合“衡山仰止——吴门画派之文徵明特展”所特别设计的创意礼品“文山先生手植藤种子”，以苏博老馆那棵 500 多年的当年文徵明先生亲手种植的紫藤种子为创意点，这棵紫藤是“苏州三绝”之一，被称为活的文物，也被誉为“文藤”。苏州博物馆每年都会采集“文藤”种子盛放在纸艺制品内，外包装采用仿宣纸洒金材料，将文徵明“衡山”印图案作为封条，并印制了关于文徵明手植藤的相关信息。既有“文脉传承”之意，又有文化生生不息之美。像“文山先生手植藤种子”这类旅游文化产品，在实用价值上并不能起到实际用处，但是却可以满足购买者对文化、时尚、新奇等不同的情感需求（图 4-2-2）。

图 4-2-2　文山先生手植藤种子

可见，文化创意在创意时尚型旅游文化产品的开发设计中起着至关重要的作用。

二、结合博物馆文创分析创意时尚型旅游文化产品的创新设计

创意时尚型旅游文化产品的开发中，要突出创意时尚与产品的实际应用价值的结合。在创意时尚型旅游文化产品的开发中博物馆文创占据了重要的比例，博物馆作为一个特殊的场所，有着丰富的馆藏，每件馆藏文物都蕴含着丰富的文化资源。博物馆作为文化传承的见证之地，其典藏展品资源与文化创意产品相碰撞的过程中，无形中增加了文创产品的文化内涵，其作为继典藏展品后的第二载体，对文化信息和文化内容进行了传承。所以，博物馆作为文化产品陈列的载体，不仅对产品的文化内涵有一定的表达，其馆藏的旅游文化产品还是一种集教育与经营为一体的营销产品。

对于博物馆旅游文化产品，大多是比较突出的、有特色的、极具代表性的产品，它们或具有较高的文化认同度，或具有强烈的异域风情。这些产品的混合配置，不仅丰富了产品类型，还增加了游客的购买欲望，从而提高文化产品的销售量。

每一个文化产品的属性，不仅决定了它的购买群体，还能对它的销售价格产生重要的影响。虽然罗塞塔从产品属性的角度来说有两种，一种是硬周边产品，另外一种是软周边产品。硬周边产品指的就是明星藏品的复制品，这种高仿复制品，基本没有实用价值，属于纯观赏性的工艺品，因为材质及加工工艺的原因价钱相对较高，通常只有某些展品或某种工艺的发烧友才会去购买。软周边产品指的是将馆藏品形象与具有实用性的商品结合所设计生产的旅游文化产品，如具有特色风格的服装、创意满满的家具用品等。属于这种类型的文化产品，价格普遍能被人们所接受，所以消费人群相对比较广泛。

对于外出旅游的人们来说，能够买到一件心仪的文化产品，不仅心理上能够得到满足，在情感上也能够获得一种寄托，它承载了人们对旅游的纪念意义和对当地文化的欣赏与认同。因此，旅游文化产品对于博物馆和游客来说，都具有十分重要的价值。

首先，从它的文化价值方面来说。文化价值是一种关系，它包含两个方面的规定性：一方面存在着能够满足一种文化需要的客体。另一方面存在着某种具有文化需要的主体，当一定的主体发现了能够满足自己文化需要的对象，并通过某种方式占有这种对象时，就出现了文化价值关系。而

文创品牌之所以能够获得成功并有一定的价值，是因为它基于浓厚的文化土壤，被传统特色文化深深包裹着，因而使其具备了文化价值。而馆藏的旅游文化创意产品，将历史文化元素继承在其中，文化积淀更加深厚，从而使其文化价值更高，增值潜力也相对其他产品高些。

其次是它所蕴含的教育价值。教育价值是博物馆区别于其他文化产品储存场所的一种职能，而对在其内展出的产品进行销售，也是一种新型的文化教育方式，凸显了其教育价值。博物馆是基于文创产品而存在的，所以也间接体现了产品所具有的教育作用及珍贵的教育价值。

然后是经济价值。博物馆作为一种特殊的体制存在，在其发展上受经济条件的制约，它始终通过走国家财政拨款来缓解自身的经济压力，但这一途径是治标不治本的。随着经济和旅游市场的好转和兴盛，博物馆也看到了一些转机，看中了文创品牌所具有的经济价值和文化内涵，并逐渐将其置于博物馆发展的中心位置。所以，博物馆将文创品牌作为重要的发展目标，来减缓经济压力。

接下来是它所承载和表达的情感价值。文创产品的情感价值是指在某种特定环境（博物馆的独特氛围）下，人们潜藏在深处的情感被瞬间激发出来，从而导致人们发生情感消费的行为。人们对博物馆有特殊的认知和情感认同，再加上故事的讲解使产品所具备的文化情感与人们自身的情感产生共鸣，因而增加了文创产品的情感价值。

最后是其具有一定深度的美学价值。美是人们普遍欣赏和向往的东西，而产品的美学价值是区别于文化产品和一般商品的一种特殊价值，具有隐形性。文创产品所蕴含的美学价值的设计灵感，源于馆藏产品。它们所展示出来的抽象符号或精美纹饰，表达了先民们对美的认识以及人们智慧的体现。将这些美学元素用创意性的思维和艺术手法在“形”和“意”上进行表达，可以极大地增加文创产品的附加价值。

三、博物馆旅游文化创意产品案例分析

（一）开发文化符号，凸显地域文化特色、馆藏特色

地域文化是指在一定地区以内，在长久的历史发展中源远流长、独具特色的文化传统，它所呈现的是传承在这一地域上的生态文明、民俗习惯等。地域文化的产生和发展并不是一成不变的，它是与环境相融合、随着人类文明的进步而逐渐发展变化的，在某一阶段呈现出一定稳定性的文化传统。生活在这里的人们把这些所特有的文化品类转化成具有特色文化的艺术品，转变成本土化了的特色文化标志。例如，北京故宫、山西的推光漆、潍坊的国际风筝节、四川的熊猫等，这些是当地十分突出的地域文化

特色，自然也就成为了产品设计的首要元素及重点目标，将地域特征显现在旅游文化产品上，既表达了人们对旅游的纪念意义，也表现了产品的地域性。对于众多的博物馆而言，它们都有属于自己的明星藏品，运用这些藏品的形象进行的文创产品设计自然也是博物馆旅游文化产品的重要部分。如故宫文创中以故宫猫、冰嬉图、清明上河图等元素设计的旅游文化产品，成为故宫文化的代表。

1.《金沙特色漆器套件》设计

漆器工艺是华夏宝库中一颗璀璨夺目的明珠，金沙特色漆器套件（图4-2-3）采用千年传承的成都漆器制漆工艺，手工精心打造而成。红色、黑色为漆器套件的主要色彩，浑厚端庄，大气磅礴，并在发簪、木梳、手镯、饰品盒等古朴器物上配以金色的蕴含金沙文化的特殊纹理，如："太阳神鸟"金饰图案、喇叭形金器的卷云纹、蛙形器和铜獏头形饰件等独特造型等，让这套漆器继承古老制漆技艺的同时不失金沙文化韵味。

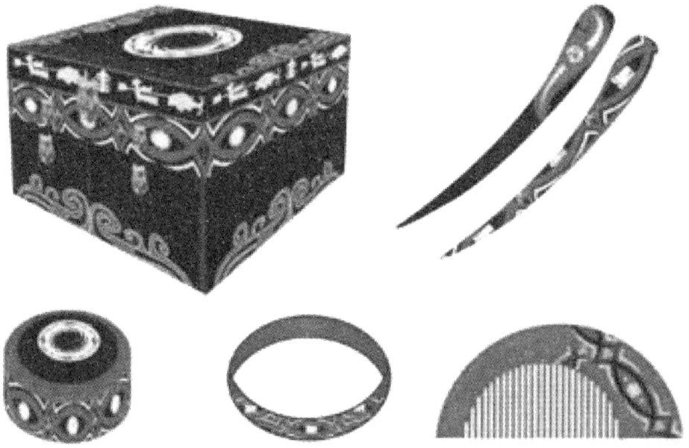

图 4-2-3　金沙特色漆器套件

（据成都博物院，旅游工艺品设计与制作）

2.《古今传音-青铜铃铛蓝牙音箱》设计

本设计（图4-2-4）的创意点来自于三星堆中的青铜小铃铛，设计来源于青铜小铃铛造型，将青铜小铃铛形态做细节调整以及归纳，将铃铛巧妙的作为音响来使用。从古代到现代的功能延续，更富有历史的韵味。而将铃铛的悬挂部分采用可提携的方式结合设计，让人在使用时就感觉有种熟悉而又敬重的感觉。青铜铃铛摆在家中既有历史的韵味又具有现代感。

图 4-2-4　古今传音-青铜铃铛蓝牙音箱

（据楚文宝，旅游工艺品设计与制作）

3. **古蜀文化题材旅游文化产品设计**

三星堆文化是古蜀文化的代表，而三星堆文物则是以青铜器为主，下列产品选取了三星堆遗址博物馆中的藏品，进行了造型的再设计开发的不同功能的产品。

《三星堆文创茶具设计》：产品将三星堆古蜀文化与四川茶文化相结合，打造的一款文创盖碗茶杯。采用了六边形造型，线条契合三星堆青铜面具的古拙之美，材质上采用了陶瓷与铜材质相结合，精美大方。在功能上六边形结构，可以通过旋转杯盖角度来调节茶杯的散热缝隙，使用更加具有趣味性（图 4-2-5）。

图 4-2-5　三星堆文创茶具设计

（据李前程、段鹏程，旅游工艺品设计与制作）

三星堆文物以青铜器为主，整体造型庄重具有美感，如图 4-2-6 所示的《古鸟青灯》，产品选取青铜器之一的神鸟造型为主，设计为卧室灯神鸟的造型部分为泥塑所做，和传统的泥咕咕结合，取用泥咕咕的材质和神鸟结合。颜色依旧采用其本身的颜色，稍作改变。形象与灯具照明功能结合到一起，暗示文物在传承的过程中依旧闪闪发光，继续前行。

图 4-2-6　山鸟青灯

（据王梦凡，商多多，王阁，等，旅游工艺品设计与制作）

如图 4-2-7 所示，此款转笔刀专门为三星堆小游客所设计，图案来源于三星堆铜人面具，通过元素提取变形设计出小朋友们喜欢的俏皮可爱的形象，其转动把手元素来源于太阳轮的形态。

图 4-2-7　铜人面具转笔刀设计

（据丁楚楚，李程，马梦玉，旅游工艺品设计与制作）

（二）与时尚元素结合，扩大品牌效应

作为特色旅游文化产品，在表达地域性等特征的同时，还要将时尚元素融合于其中，因为时尚是当今人们所追求的积极的生活情趣的一种表达

方式，符合人们的消费心理和消费价值。因此，设计师们应该充分利用时尚这一元素，挖掘产品的创新点和结合点，抓住大众的消费心理和关注的焦点，设计出集传统文化、新颖元素、产品卖点于一身的文创产品。对于馆藏品的设计，应该注意将其形象与文化、时尚生活方式结合，增加博物馆旅游文化产品的时尚性，迎合了现代人对复古、时尚、实用相融合的需求，产生情感的共鸣，唤起人深层次的归属感与认同感。

大英博物馆的一款旅游文化产品是将馆中的多个明星藏品的形象如古罗马战士、维京海盗、狮身人面像与“小黄鸭”的形象结合改造成多个萌萌的版本。小黄鸭对于英国人来说表达的是不一样的情感符号，是童年的美好陪伴。更是在1970年的时候，歌手吉姆·汉森以小黄鸭为创作元素，并出了一首《小黄鸭》歌曲，从此，小黄鸭便成为了英国的一种时尚文化元素，与馆藏形象结合开发的产品，便赋予馆藏文物以人的情感，成了很多代人回忆的纪念品，这款“致我们终将失去的童年”的旅游文化产品自然也成了爆红产品（图4-2-8）。

图4-2-8　大英博物馆文创小黄鸭系列

而苏州博物馆展出的文创产品，不仅抓住了时尚的特色，更挖掘了其内涵，以“舌尖上的国宝”为创作灵感，设计出一款既好吃有充满文化内涵的《秘色莲花瓷曲奇饼干》，将苏州所特有的细致文雅表现得十分透彻，所以，这一创作产品不仅引来外地游客刻意前来参观购买，还改善了苏州博物馆的经济负担（图4-2-9）。

图 4-2-9　苏州博物馆文创产品《秘色莲花瓷曲奇饼干》

（三）抓住特殊时机提供特殊产品，不断注入新活力

旅游文化产品的设计还要专注特殊的时机，开发新的产品。从我国目前的旅游业发展来看，国民的旅游高峰期还是集中在中国的法定假日等重要的假期，因此，文创产品的设计应该抓住节日这一时间节点，如与名人有关的纪念日、国家重大的节庆日等，将其融入文创产品的之中，开发具有特殊意义的产品。例如，中国的传统节日七夕节、人人所期盼的农历新年、端午节等，与各种节日相关的主题产品，不仅可以让游客感受节日的气氛，也表达了吉祥、幸福的寓意，有助于增加产品的销量。博物馆会定期举办不同主题的展览，配合特展开发产品也是博物馆旅游文化产品创新的重要途径。如图 4-2-10、图 4-2-11 是故宫结合昔年开发的文创产品，

图 4-2-10　《万象更新茶具》故宫文创

图 4-2-11　《宫里过大年系列文创—门神拼图》

《万象更新茶具》将具有新年美好寓意的金瓯永固杯的造型保留了象足的设计元素，寓意新年万象更新，金与红的搭配，结合故宫过大年的活动，更加彰显华贵与喜庆。而《门神拼图》则选用了传统门神的造型寓意家宅平安，符合故宫过大年的节日氛围。

（四）针对“明星藏品”结合现代生活进行系列开发

旅游文化产品在长时间的发展变化中，逐渐出现了不平衡的现象，现代化信息越来越浓厚，科技性也十分突出，同时产品的经营者也把销售的点放在了产品的文化、科技、现代化等上面，使产品看上去琳琅满目，实则却出现销售下降的现象。这是忽略了旅游文化产品的实用性，华而不实。产品要结合现代人的生活方式针对性的进行功能的创新，通过造型、文化、生活美学将实用性与观赏性纪念性相结合，才能使旅游文化产品焕然一新。

在此方面做得比较出色的文创品牌还是有很多的，很多经营者和设计者可以从中借鉴经验，研发属于自己的特色品牌。例如，大英博物馆官网商店中的以“罗塞塔石碑”为创作源泉的文化产品种类就十分丰富，除了有传统意义的摆件外，还涉及服装、杯子、充电宝等日常生活用品和巧克力等可食用产品。再如，在网络上流行度、传唱度较高的故宫文创也是将明星藏品结合衣食住行进行一条多龙式的产品开发。如图 4-2-12、图 4-2-13 所示，是故宫以清明上河图为原型开发了不同用途、不同价位的衍生产品，从复制品、收藏品，到老少咸宜的日用文具、小家电产品，这极大地刺激了游客的收集欲望，提高购买数量。

图 4-2-12　清明上河图

图 4-2-13　清明上河图系列文创（故宫文创）

《震撼——“林肯公园”乐队视觉形象及旅游文化产品设计设计》选择以“震撼”为主题，围绕乐队一直向着“混合理论”的目标努力为出发点，从“林肯公园”乐队的六张正式唱片专辑展开设计思路，重点突出“林肯公园”乐队崇尚阳光、低调震撼，关注公益、儿童、热爱和平的精神。主要采用混合元素设计，运用三角形、圆形、矩形等几何形体结合，点、线、面的相互穿插设计，色彩以黑色、金黄、暗红为主，主要运用标志、包装、字体、图形、版式、广告创意等设计表现方式来进行方案设计。

设计之初，通过思维导图展开设计联想，围绕“震撼”这一主题，拓展设计思路。由此，主要设计包括六张主体音乐专辑海报、30＊30cm 黑胶唱片包装设计以及系列衍生品 T 恤、帽子、拼图、首饰、胸章、明信片等极具摇滚特色的设计，凸显“震撼”主题，热情不失内敛，低调彰显震撼，传递着宣泄、疏解和治愈的力量（图 4-2-14）。

图 4-2-14　《震撼——“林肯公园”乐队视觉形象及旅游文化产品设计》

作者：曲聪颖

“林肯公园”标志设计，选择继承沿用乐队原有的标志，表达“林肯公园”乐队的敬仰，继承传统，延续发展。乐队标志整体呈镂空极简圆状，圆内不规则三角形为英文“L（Linkin）”“P（Park）”的结合体，直角、曲线交相呼应，淋漓尽致的表现出乐队音乐的刚强摇滚与柔美韵律的结合，搭配棱角分明的“LINKIN PARK”字体设计，造就了乐队独一无二的“混音魔王”形象。

“林肯公园”标志设计主要以黑色、金色、暗红色为主，其中文字体采用“等线”，英文字体采用“CG Time”，两者即彰显震撼的历练果敢之韵，又不失低调的柔美向阳之景，完美诠释（图 4-2-15）。

图 4-2-15　林肯公园标志设计

本次震撼——“林肯公园”系列设计以海报设计内容为基础，由此设计出 30＊30cm 的黑胶唱片包装，并拓展到一系列旅游文化产品延伸设计中（图 4-2-16）。

（1）【震撼】——【混合理论】另类摇滚集结。自由、博大、包容的精神世界。

“混合理论”海报设计以白色、暗红和黑灰色为主色调，色彩搭配干练、和谐。中间选择以乐队标志为底部衬托，搭配中心的几何图形融合而成的“混合元素”，四周围绕四组不规则的点、线组合而成的纹理面，犹如一对灵动起舞的翅膀，是整张海报的主体，突出视觉中心。背景采用半透明度的星光点缀，边角采用 LINKIN PARK 英文字母随意组合，看似无章胜有章。正如“林肯公园”一直坚持“混合理论”的目标从不放弃，激励着我们勇于发掘自己的潜力。

（2）【震撼】——【流星圣殿】天空之城。在音乐高度中找寻自我。

“流星圣殿”海报设计以暗黑红色为主色调，凸显庄严、肃穆的形象。主题鲜明，视觉冲击强烈，暗黑肌理的画面中纵然耸立的三角形高山设计，与乐队主标志的英文“LP”图形相呼应，山顶映衬半投影的标志，表现出乐队的执着低调却万丈光芒。画面的左上角为一轮暗红色由浅至深渐变的星座盘，点、线和块面的结合，犹如流星圣殿的写照。边角依旧采用英文字母的搭配，以及背景错综的肌理，表现出人类失落、恐惧和迷惘的心理，而在流星圣殿，可以尽情宣泄，因为在黑暗的深处，就会看到光明和前所未有的震撼。

（3）【震撼】——【末日警钟 · 毁灭 · 新生】警醒人类毁灭自相残杀。悲悯哀痛唤醒危机意识。是要警醒人类，在环境污染、核武战争的恶劣影响下，世界日趋毁灭，纵使人类以自身巨擘心存侥幸，也该悲悯自省。

“末日警钟 · 毁灭 · 新生”海报设计以暗黑、金黄为主色调，衬托“末日”之景，标题醒目，风格极简又饱含深意，具有丰富的艺术表现力。一轮金色的太阳映衬着乐队标志横贯之中，四周曲线再置、线条错落的设计突出太阳光波的照射。主体众多的圆形设计象征着“末日”巨大的毁灭之力，背景色由灰白到深红的渐变，凸显新生尤为恰当。而边角依旧采用英文字母的搭配以及字体的设计，又将画面带入到细节。整幅作品既有金属气息的压抑，又有令人深沉的省思，代入感极强。

（4）【震撼】——【烈日千阳】荣光千日争辉。吟唱现实概念反战主题。烈阳高照，千日永存。毁灭的光辉，犹如圣灵逞威，唯有正义善念堪比日月争辉。

“烈日千阳”海报设计以暗红色为主色调，鲜活愉悦的视觉色彩。一团类似太阳的抽象几何形体跃然之中，点、线交织而成镂空六边形穿插于上，虚构成战争盾牌的形式，映衬反战主题。构图巧妙，富有张力，抽象主义的表现技法凌驾于热血般激情的烈日之上，暗红色的背景反衬现实与血的力量，设计新颖。尤为凸显的字体排版设计横竖错落有致，如同吟唱乐谱的篇章，而边角依旧采用英文字母的搭配。传递正义善念且具有概念性的反战意识。

（5）【震撼】——【生命·进化·原点】陨石坠落之源。涅槃重生、生命轮回、物种进化，此刻原点重振出发。进化正能量。

“生命·进化·原点”海报设计以金黄、灰白为主色调，构图明亮饱满，凸显生命进化的使命感。以涅槃重生的凤凰为主体进行平面化设计，中心突出乐队标志，尾部设计线条如火焰般灵动，代表着自然进化的生命力。背景为几何形体组合而成的陨石，成片的点聚集而成的曲线块面张弛有度，代表进化原点，视觉冲击强烈，而边角依旧采用英文字母的错落搭配。整幅海报表现夸张，蕴含正能量。

（6）【震撼】——【狩猎聚会】是谁的森林之王。追寻能量和灵魂之队。狩猎者荣耀的聚会，其“狩猎”二字，亦表达出乐队对原汁原味摇滚音乐的追寻。而此时正当不惑之年的“林肯大叔”们保持着低调内敛的心态，又重燃了摇滚激情。

“狩猎聚会”海报设计以灰白色调为主，画面简洁明快，构图新颖。棱角分明的线条组合而成的狩猎弓弩，极具艺术性，弓弩之下块面组合设计形成庄严的万兽之王，再加上衣襟线条的随性，表现出了艺术质感，而乐队标志亦贯穿其中，而边角依旧采用英文字母错落搭配。背景云雾效果设计更具有代入感，主题鲜明，具有舒适的直观感觉。

图 4-2-16　林肯公园海报设计

在唱片选择上，采用的是 33 又三分之一转的 12 寸的 LP 密纹黑胶唱片，唱片版面的标贴则选择金色标志搭配专辑海报设计。在包装尺寸选择上，采用黑色正方形包装设计，规格为 30 * 30cm，纹理质感设计特征鲜明，包装封面沿用海报设计的主要元素，构图巧妙，彰显形式感，明确突出主题，具有较强的视觉中心与艺术感染力。

（1）T 恤、帽子、拼图、胸牌、明信片设计

其中黑白 T 恤和帽子搭配整体色调，元素主要由主体海报设计提炼；拼图为乐队六位成员的版式设计，加以后期 Photoshop 调色修改；胸牌为摇滚现场最常用的标牌之一，与其设计元素相统一的还有乐队明信片，设计灵感都来源于海报，突出震撼“林肯公园”乐队的音乐形象，表现出真实的音乐产品设计。

（2）摇滚首饰、展台设计

摇滚乐队服饰配件最显著的特点还有夸张的首饰。设计突出主题，主要包括三角耳坠、铆钉项圈、皮革手环、圆形手镯、镂空指环以及三角尾戒，设计的创意灵感来源于对乐队标志的图形设计的思维延伸，以及和平公益为主的图形设计，其金属材料为金银，几何图形、线面结合、镂空设计带入细节，皮革带入摇滚感，首饰标牌版面设计清雅大方；亚克力材质的圆形展台设计，与众多几何图形设计形成对比，不至于太过方正。整体表现低调纯粹的震撼摇滚效果。

展台采用金色架子鼓形象设计，形成视觉焦点的转移与定型；而用金色丙烯喷涂过的麦克风以及用皮革线条穿连的藤编球设计，则是整个设计的形式亮点，将我们所熟悉的摇滚风设计出别样的韵味（图 4-2-17）。

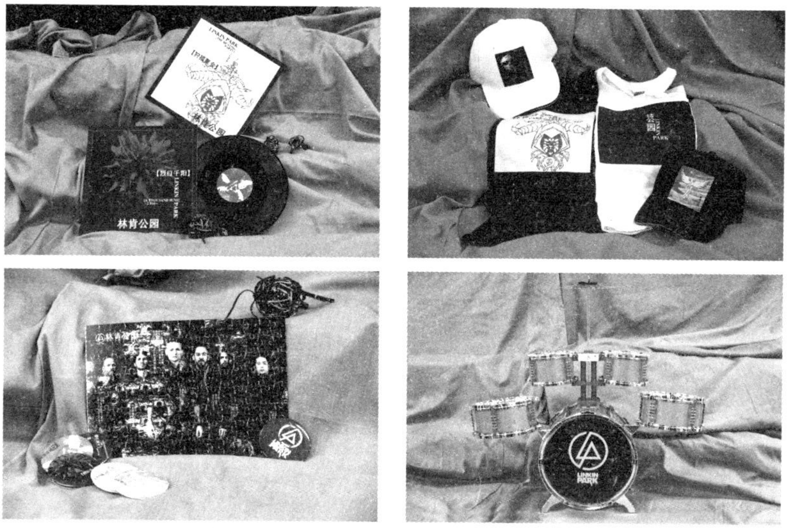

图 4-2-17　震撼站台及旅游文化产品设计

《“等待戈多”咖啡厅旅游文化产品设计》中树叶的部分纯黑的叶子和咖啡豆形状的叶子相互交错，因为 logo 的运用大多数情况下较小，所以树下的人物选用剪影的表现方式。在等待戈多咖啡厅视觉推广计划中的辅助图形主要是以几何图形为主，由三角形、方形以及点和线进行不同的组合。在每个图形中都或多或少的结合了咖啡厅英文名称的首字母“W”。在设计过程中，运用的咖啡厅的 logo 和简单的几何线条作为手提袋的图案，老师指出这个设计的图案及排版较简单，手提袋的造型也太过普通。之后就在手提袋的造型和图案上进行了一些改动。色彩以咖啡色为主，配以浓郁的红色，蓝色和橙色，一共四种颜色。一共做了七种不同材质不同类型的包装。其中包括帆布包，不同大小的纸质包装，还有糖包和奶球的包装。咖啡饮料的外卖纸托分为两杯装和四杯装，方便不同数量的购买（图 4-2-18）。

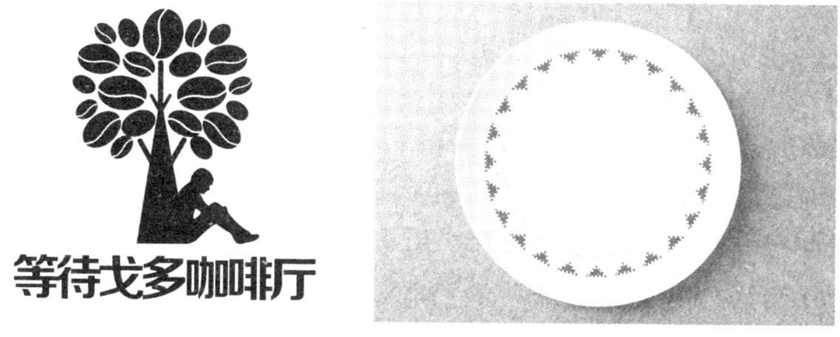

图 4-2-18　《“等待戈多”咖啡厅旅游文化产品设计》作者：李琳

万力宝象便携式工具组外形为“友尊”大象纹样，以谐音“祥”象征着“吉祥如意”，且大象较温顺的性格和庞大可靠的体魄增添了产品性能的可靠感。工具组采用钢材制作，使用了多种新工艺和新技术，可实现玻璃击碎锥，割绳索及开罐器等功能，既方便携带又精致大方（图 4-2-19）。

图 4-2-19　万力宝象便携式工具组

（据故宫博物院，旅游工艺品设计与制作）

《龙举云兴茶具》壶（图 4-2-20）的造型取“龙生九子”中喜水的“蚣蝮”做点缀，杯体驮载则取好负重的“赑屃”为底托，寓意“龙举云兴”。设计思路入古出新，语言现代，在符合现代化工业生产的要求下，保留了古典的精彩片段，创造性地将从简的现代语言反衬出古典的辉煌和精巧。将当代性自然而然地“融入”传统，交织出后现代的“中庸”性格与“和”的能力。

图 4-2-20　龙举云兴

（据吴桐，旅游工艺品设计与制作）

《六六幻方益智玩具》玩具结合了由陕西西安元代安西王府遗址出土的幻方铁板的原理：每行由六个数字排列组成方阵，纵行、横行或对角线上的数字相加之和都是 111。玩具设计通俗操作方便，适合儿童娱乐，盲人也可以使用，从中能领略到趣味数学的魅力，充满人文关怀，是中外文化交流、馈赠儿童与盲人朋友的理想礼品（图 4-2-21）。

图 4-2-21　六六幻方益智玩具

（据陕西历史博物馆，旅游工艺品设计与制作）

《古建彩绘 U 盘》（图 4-2-22）设计中 U 盘作为数码科技时代的存储产品，记录了人类的文化与文明，与古代建筑储藏书籍，传承文化的功能有类似之处。古建彩绘 U 盘设计借鉴了故宫角楼、太和殿的建筑艺术造型，既能回味悠久的历史传统，又具备实用功能，使现代人在生活中自然融入传统文化。

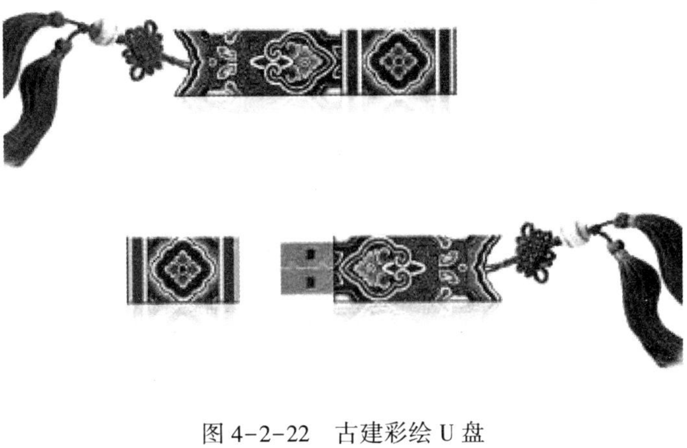

图 4-2-22　古建彩绘 U 盘

（据周茜，旅游工艺品设计与制作）

《太平烟灰缸》设计中采用太平缸为形象创意点，天干物燥，小心火烛。太平缸即吉祥缸，用者太平，用者吉祥。太平缸，取自保佑太平之意，是中国古代的防火用具，太平缸也被称为吉祥缸。其最大的作用在于蓄水防火，还具有装饰作用，造型古朴大方。产品材料以白瓷为主，旁侧把手为铜镀金材料（图 4-2-23）。

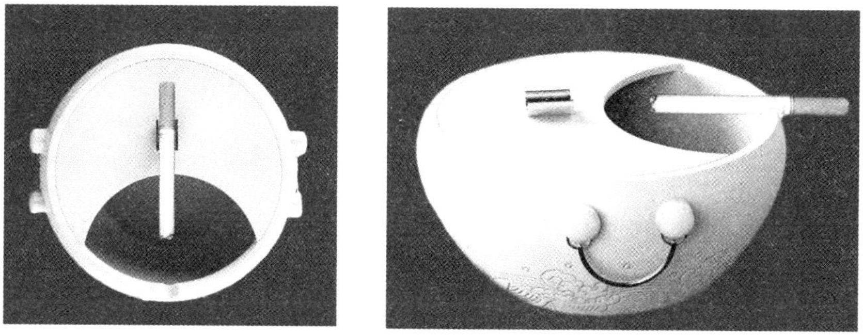

图 4-2-24　瓷器生活美学 · 太平烟灰缸

（据李添吉，袁诗群，旅游工艺品设计与制作）

《满族妆花纱蟒袍 · 雨具组合》设计灵感来源为满族服饰，满族是马背民族，马蹄袖又叫箭袖，射箭时有护手作用，蟒袍的雨衣保留了原有衣服的马蹄袖，也是这款雨衣的最大亮点。同时，其衍生产品的雨伞既保留了原先衣服的特征，又放大了细节，冲击眼球，而雨伞的包裹感更能营造一种仿佛置身其中的氛围，让撑伞人在撑开的刹那，如同穿梭千年，回到那个时代。而对于雨鞋的设计，我们并不是一味的将色块全部裹绕着雨鞋，花纹在脚裸处戛然而止却又恰到好处，美观实用（图 4-2-25）。

《异兽瓶》（图 4-2-26）旅游收纳产品设计中“异兽瓶”采用传统羊造型为基础，简化羊尊线条，以几何形体展现出羊尊形象。采用 PET 为原料，轻巧。在人们外出时更加便于携带。借助羊与“祥”的谐音，希望可以带来吉祥。

《画 · 雪景寒林》（图 4-2-27）调料罐设计灵感来源于《雪景寒林图》。倒入盐，将调料罐填满，此时是一张白纸。盐过半，渐渐出现《雪景寒林图》秦陇山川之形，此时画成半幅。盐将尽，山石尽显，盐为留白，成运气，成寒泉，成雪地，此时画放完成。秦陇雪后气象磅礴，隐方寸之间，慢慢消减，渐渐浮现；白雪皑皑，群山壁立；深谷寒林，流水无波，为你而做。

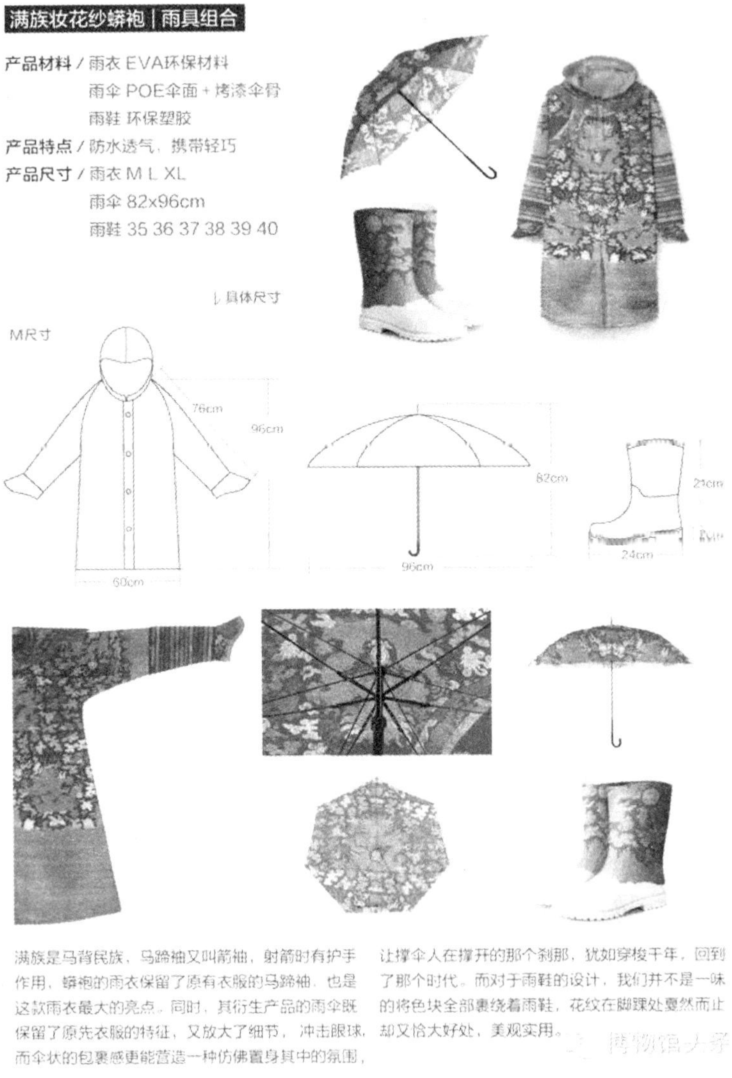

图 4-2-25　满族妆花纱蟒袍 · 雨具组合

（据上海博物馆，旅游工艺品设计与制作）

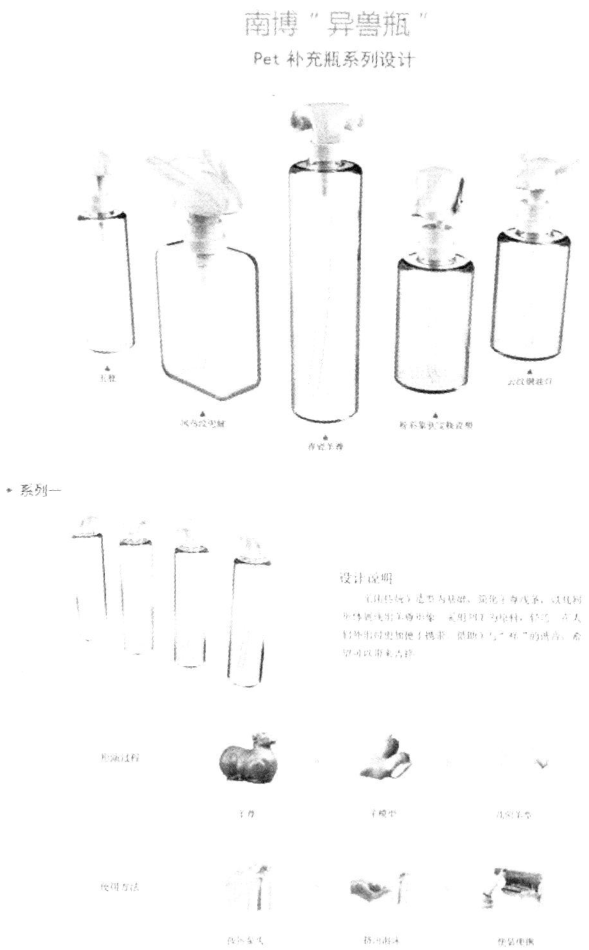

图 4-2-26　南京博物院"异兽瓶"

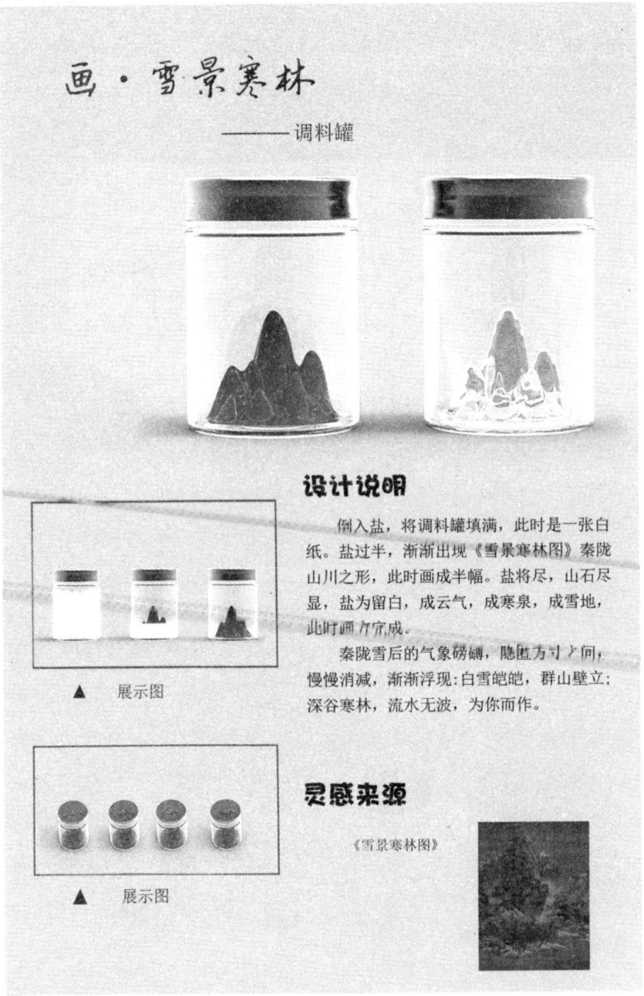

图 4-2-27　“异兽瓶”画·雪景寒林——调料罐

《匏形铃——匏制瓶健身哑铃》（图 4-2-28）设计是仿清乾隆御赏款折方开光人物纹匏制瓶健身哑铃系列产品，基本保留了原器物造型、颜色和纹样，在不失文物本体神韵的基础上加入了现代化的设计感，使整款产品显得时尚而又有内涵。两款哑铃设计符合人体工程学理论，配重可以实现自由加减，适应了不同使用群体的需求。本产品将文物本身长寿的美好寓意转化为具体的健身器材，表达了健身方能实现健康长寿的思想，是对自古以来人类这一美好愿望的回答。一举一放之间，使用者便完成了与古人的一次精神交流，在增强体魄的同时增进了对中华民族长寿文化含义的理解，获得健身与文化的双重体验。

图 4-2-28 匏形铃——匏制瓶健身哑铃设计

第三节 基于民俗文化旅游产品的设计

一、基于民俗文化旅游产品的设计综述

民俗文化旅游作为一种高层次的文化型旅游，它所针对的更偏重人文景观，如某一地域的饮食文化、服饰特色文化、生活礼仪文化、庆祝节日的民俗文化、游艺文化等，都是民俗文化旅游的珍贵资源与欣赏对象。它与自然景观有着本质的区别，给人的感受也不同寻常。1977 年，来自美国的旅游人类学家——瓦伦·史密斯（Valene L. Smith）提出了这样的观点："民俗文化旅游"是一种人们对过去生活的追念，也是过去生活方式的残留与传承的部分，它在"人类的记忆中呈现的是一种生活'图景'或者说是'地方特色'，如原始的'老式'房子、自主手工纺织的布匹、传统的交通出行方式马或牛拉的车、犁等，它们都不属于机械制造的工艺品范畴。"民俗文化旅游呈现的特色以民族性、独特性为主，在内容和形式上都给人以不同的新鲜感受，但真正能够吸引游客的还是它传承了久远的文化内涵。

而依据民俗文化旅游衍生的产品，也是源于对当地传统文化的聚集，结合文化、工艺、风俗等要素而打造的特色商品。从旅游者的角度来看，购买旅游文化创意产品是自己对旅游活动的一种纪念，而产品本身也是纪念价值的体现。随着旅游业的兴盛，大量游客的购物消费对文创产品的发展有极大的推动作用。在众多的旅游胜地，其旅游产品也各不相同，每个地区都有自己的代表性文创产品，如民族服饰、民间剪纸、瓷器织品等。

我国的旅游产品众多，但占据大部分市场的还是民俗文创产品，因此，它也成为了我国文化产品的重要组成部分。

目前，我国旅游业相对比较发达，各地结合自己的民俗特色开发多种形式的旅游项目也成为了大家关注的热点，如以民俗文化为主题的公园、村落、博物馆等，开办文化节也是一种重要的文化表达形式，游客通过在景区听故事、看表演、吃小吃等与景区的多元互动后，在浓郁的民俗氛围下，通过提升产品美学、文创包装后带有景区特有的文化、故事的旅游文化产品将成为游客回忆、感动的载体。不仅能创造二次、三次消费，更能为时时创新、推出新的旅游文化产品而让消费者分享、回忆、回头。

基于民俗文化旅游的产品设计创新是时代发展的多元化产物，是满足大众追求物质文明与精神文明的必然发展趋势。一方面，在保持对民俗传统文化传承与发展的同时，来满足人民对文化创新的需求，但最最重要的是对价值导向有一个清晰的认识。另一方面，准确把握文创产品的市场导向与市场价值，在不断发展和变化中丰富产品的功能，力求达到将民俗文化与科学技术、时代美学与旅游产业发展的互通共荣。

二、以“滇元素”旅游文化产品设计为例分析民俗文化旅游产品的创新设计

以“滇元素”为主题的文创产品开发，其种类与形式都是十分丰富的、全面的，将云南的特色尽收于产品之中，把传统区域文化归于视觉元素范畴，用产品来表现云南的地域形象。可以说，在云南随处可见的物品，如民族服装、屋脊建筑等，都能给人一种设计灵感或者说人们能够从中获取设计素材，它是古今中华文化元素的凝集。所以，以“滇元素”为原型的产品设计多不胜举，涵盖范围十分宽广。

（一）创作“元素”的提取及其再创作

1. 如何有效提取“滇元素”

“滇元素”产品是当地文化得以表达的重要途径，它蕴含着特色文化和云南特有的城市人文风貌，因此，把这些特有的文化元素提取出来并应用于旅游文化产品的设计中，开发出具有纪念意义的、大众所喜爱的旅游产品是十分重要的。对“滇元素”的提取，源于设计师们对生活的深切感悟和潜意识里对文化的激发，所以应该从以下几方面展开：一是通过图形来构思获取灵感；二是从文字着手开发设计滇元素的语言文化；三是对色彩的把握与理解。总结来说，就是要对视觉上传达出来的内容进行解构，然后将关键点与自己的创意进行重构，通过成熟的工艺加工来制作最终产品。

2. **欣赏“滇元素”代表性作品的繁复之美**

在当下社会的不断变化中，人们逐渐崇尚简单的生活习惯，如家居造型设计简约化、服装饰品简洁朴素化等，虽然以简约的格调为主，但内涵、品位确是独特的、不容忽视的。与简约的设计格调相比，云南所特有的服饰造型却是与之相背的，它崇尚密集、繁复的产品设计造型，这是与这里的少数民族文化密切相关的，这是他们对自然表达敬意的一种方式，同时也表达了他们的审美特点。此外，在产品设计上承载了多种视觉元素，其造型繁复无比，即使是这样的密集设计，却暗藏了它自有的变化法则，将对称与重复的美表现的十分细致与完全。说到繁复的产品设计，首先想到的是以苗银为材料制作的头饰和胸饰。以繁复设计工艺产品著称的“银压领”和“花鸟帽”，即使看上去是如此复杂，但它蕴含的美是其他产品无法替代的如图 4-3-1 和图 4-3-2 所示。

图 4-3-1　繁复的银压领造型

图 4-3-2　繁复的花鸟帽造型

针对旅游文化产品的设计来说，应该综合全面的问题进行考虑和创新，既要对传统的造型予以重视，要有所借鉴和创新，又要站在游客的角度考虑问题，设计出适合游客的产品，满足游客对产品文化、造型、大小的基本要求。繁而有序的编排设计，不仅使产品具有极强的造型感和节奏感，还能体现出有规律的变化。

3. **“滇元素”中简约造型的构成特点**

特色产品的传统设计并不是千篇一律的，“滇元素”的产品设计也包含了简约的美，它是创新性的高度体现。站在国际化的视角下来设计旅游纪念产品，产品的元素应用已经成为重要的关注点，抛弃了以多为美的设计概念，提倡简约化处理。这种简约是基于对传统造型的解构与提炼，以单纯化和个性化为主要目的。针对设计师来说，由繁到简设计过程是相对困难的，因为它存在内容表达不完全的问题，所以对细节的处理和加工运用是至关重要的，是解决问题的关键。例如，以切割法为常用的简约造型法则，可以把要素进行有效切割，又不失它们之间的联系和变化。因此，简约的设计方式可以以建筑和人文为主要产品来设计，以求绘制上有所创新；而针对局部应用，则应该把握“滇元素”的灵动性，使文创产品更具生命力和感染力。

4. 对“滇元素”中色彩要素的把握

在众多的民俗文化产品中，色彩的混合使用是表达地域特征的最直接的表现方式。例如，傣族的色彩搭配主要以白、红、黑为主，其中以白色多为打底色，而红色和黑色则作为装饰性条纹使用，不仅给人以明快的视觉感受，更体现出了热带雨林所特有的少数民族的韵味，创作源泉如同从光与影之中获得灵感。具有代表性设计产品——傣锦，是流传在傣族民间的一种古老的手工纺织工艺品，尤以西双版纳最为著名，其制作图案以大象、孔雀、热带植物和宗教花纹为最有代表性的纹样，能够给人们最直接的心灵上的感受。除了傣族以外，生长在大理苍山脚下的白族，也有自己的色彩代表。他们的色彩源于当地的一种植物——板蓝根，可以从这一植物中提取蓝靛溶液，并将其作为染料用于布艺产品的染制，他们对布艺的染制有自己的一套成熟的扎染技术和工艺，染料的色晕变化也极富朦胧感。我们通过对扎染技术的理解与把握，在产品创作上对色彩运用进行借鉴，对旅游文化产品的设计大有裨益。

（二）旅游纪念品中“滇元素”的应用

对于“滇元素”在现代产品设计中的应用，不应该机械地把元素直接复制过来，我们应该从元素发展的源头、历史中去寻找元素所蕴含的文化内涵，从产品所在的地域文化入手，将内在精神与产品外形高度有机地融为一体。尤其云南是旅游胜地，文华资源极其丰富，因此要大力发展创新创意产品开发，将“滇元素”有意义地融入旅游产品设计之中。

1. 传统纹样的构成与题材

云南位于我国的西南边陲，是自然景观俊丽、气候宜人的四季如春的城市，同时云南省也是我国少数民族聚居的主要省份，因此也就形成了云南省特有的传统文化习俗。对于“滇元素”中的装饰纹样，其特点以平面化的、连续的骨架为主，在组合排列上以单位纹样为基准，分别向上下或左右方向循环排布，排布骨架可以是任何形式的，如散点式、波纹式、几何式等，无论哪一种排布方式，都以表现的韵律美或装饰美为主要目标。例如，傣锦就是装饰纹样的典型代表，以点、线、面为基础元素汇集成群线，如此往复交叉排列，以传达一种繁复之美，表现特殊的视觉艺术。这种以无限循环为创意的设计，也代表了一种吉祥的寓意，所以它的设计理念就是我们今天为旅游文化产品做设计可借鉴的东西。对于傣锦纹样的设计造型，其造型题材十分广泛，如具有特色标志性的动植物孔雀、蝴蝶、木瓜等以及与宗教文化相关的大象、菩提等，都是人们所尊崇的设计题材，不仅寓意吉祥，在视觉传达上也能给人眼前一亮的视觉美，将民族特点表现得恰到好处。对于纹样的排布，无论是单独的还是连续的，都能够表达出具有象征意义的传统文化变化，如图 4-3-3 所示。此外，白族扎染的纹样设计，也象征着吉祥。如图 4-3-4 所示，纹样设计以缠枝花卉为主纹样，在以圆形蝴蝶纹样为辅助，使整个设计风格与花卉一致，表达了人们对风调雨顺的美好生活的追求。

图 4-3-3 传统傣锦的二方连续纹样

图 4-3-4 白族扎染中错落的蝴蝶纹

2. **由繁到简的纹样创新与设计**

简洁、大方是当今人们普遍追求的生活状态，也是人们欣赏美的东西的主要出发点，因此，对用于传统旅游纪念品设计中的纹样元素的应用，也应该遵循这一点。从现今的部分产品中，我们看到设计的发展趋势基本符合人们的欣赏需求，创新创意与去繁就简相结合。但是，在对复杂的工艺和纹样加工创新的过程中，不可盲目的截取或照搬部分设计元素，应对纹样元素仔细推敲，挖掘纹样形象间的彼此呼应的联系，然后采用现代设计理念和方法予以提炼和加工，将传统手工艺与现代设计相碰撞，设计开发出适合人们使用和欣赏的时尚特色旅游产品。再以傣锦的设计产品手工包为例（图 4-3-5 和图 4-3-6），我们可以从下面两幅图的正面、背面看到，虽然纹样设计仍然采用的是二方连续纹样，但在巧妙的构思和设计之后，形成了形象鲜明的几何图案。这种简洁的纹样应用不仅突出了产品的精致，而且蕴含了对传统文化工艺的传承与创新，使产品蕴含古典美的同时又不乏现代感与时尚感。

图 4-3-5　二方连续纹样的创新提炼　图 4-3-6　傣锦单独纹样的简化应用

主要生活在云南省内的纳西族有本民族语言，纳西语属于汉藏语系藏缅语族彝语支。纳西族在艺术方面独树一帜，其诗文、绘画、雕塑、乐舞艺术名扬古今中外。其中，对旅游纪念品开发的元素来源主要有纳西族的东巴文字和宗教绘画。东巴文作为原始的图画式象形文字，将音与意的表达结合的相当完美，由此而形成的东巴绘画也成为了风格独特的文化遗产，如图 4-3-7 所示。此外，作为文化旅游产品应具备的地域性和纪念性特征，东巴文是代表性极强的创作元素，设计者们可以根据东巴文艺术遗产，对文字图形进行创新设计，将产品的外在形象与内涵品质高度相融，达到物与神的统一，如下图的东巴元素创意书签（图 4-3-8）和象形文字木雕（图 4-3-9）。

图 4-3-7　传统的东巴绘画

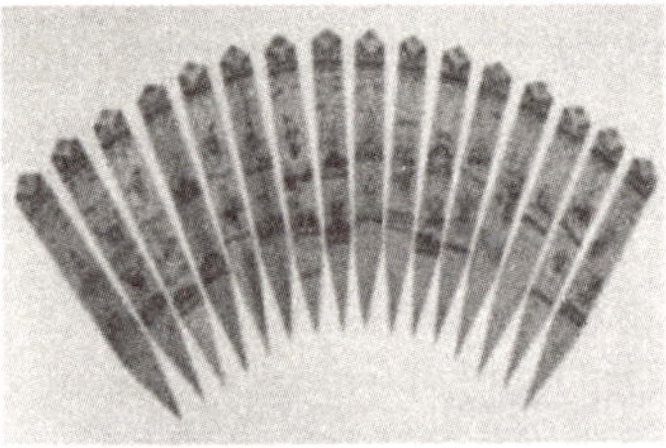

图 4-3-8　东巴元素创意书签

图 4-3-9　东巴象形文字木雕

3. 基于三维立体造型要素的创新设计与应用

云南省是我国文化特色比较突出的省市，其部分州市地处我国国境边缘，地理位置与东南亚部分国家接壤，随着我国与各国的友好往来和文化的交流，云南省也成了文化汇集的重要地区。在云南众多的传统手工艺文化产品中，苗银同样是一个典型的代表，它的发展变化也有一个漫长的经过。经过人们的研究发现，传统的苗银装饰品在造型理念上以大而繁为主，这与其民族崇尚的“以多为富”审美相匹配，这种造型在重大民族节日或婚俗中最为常见，将苗银服饰所表达的装饰美呈现得一览无余。这种传统文化工艺品固然有其自己的价值，但在旅游文化产品的设计中，仍然要以大众需求为主，把产品的实用性和美观性作为创新设计的主要方向。现在，我们可以看到很多的苗银饰品制作都在遵循这一理念，在保留具有民族特性的传统造型的同时，去除繁复而体大的样式，对传统元素进行取舍和重新刻画，在饰品局部进行点缀。例如，在整体上，打造封闭或半封闭的曲线造型，加上线条与弧度完美结合，再以鱼纹、宝相花、卷草等雕饰，使整体造型既明快又富变化，如图 4-3-10、图 4-3-11、图 4-3-12所示。

图 4-3-10　苗银饰品中鱼形变化

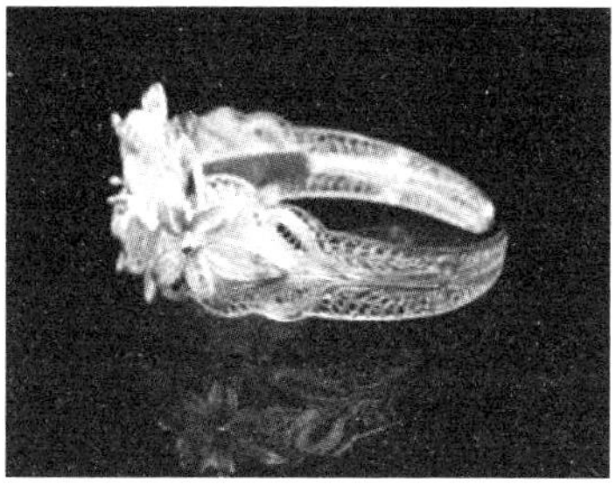

图 4-3-11　苗银花形戒

图 4-3-12　简洁明快的曲线造型

（三）民族特色产品与旅游

对于旅游产品的设计也应该基于此，将“滇元素”的提取与旅游纪念品创新设计之间进行重要联系，设计出传统手工艺制品中二维图形、三维立体造型的产品，增加其收藏价值和欣赏价值，通过商务旅游、大众旅游将具有民族特色的产品传递到中国的五湖四海，让全国各地的人们都能够欣赏拥有民族特色的文化产品。

三、民族民俗文化创意产品案例分析

《果域系列旅游文化产品设计》围绕“果域品牌形象设计”展开联想，寻找设计时的切入点，突出主题与品牌文化，完成旅游文化产品的系列设计（图 4-3-13）。

图 4 3-13　《果域系列旅游文化产品设计》作者：杨睿

标志设计用高度概括、简洁的图形语言，将文字、图形等根据一定的形式组合在一起，传达出特定的信息。它是一种视觉语言，代表着人们对一个品牌的认知，在品牌中占有重要的位置。

“果域”标志设计的灵感来源于对丝绸之路的联想，主要以文字表现的形式进行字体设计，在保留文字基本字形的基础上进行变换，消除了汉字对字体和笔画形式的约束，在表现手法上运用夸张变形、笔画增减等手法，对字形进行重新构成。标志整体将“果”字和“域”字紧密连接在一起，以线组成面，寓意丝绸之路将东西方文化连接在一起，丰富了字体精神上的内涵。

在色彩表达上，标志选用的颜色是金色和黑色，金色代表着灿烂、辉煌，有着太阳般的光辉，就如曾经辉煌的西域文化，而金色也是大漠的颜色，象征着西域风光。黑色代表着神秘、沉稳、安静，西域有着神奇的自然景观和奇特的气候现象，使人们把那里神秘化，让人无限向往。

海报可以迅速直观地传递各种信息，它通常以图形、文字、色彩为表现手段，用最具吸引力、创造力的形式来作为信息传播的载体。海报既蕴含着设计师独特的创意，也暗藏着设计师的艺术风格，同时又像一面时代的镜子，直观的反映出历史文化、社会生活的方方面面。

“果域”海报系列包含一张主海报，四张分海报。主海报设计：哈密、吐鲁番、库车、和田曾是古代丝绸之路重镇，此次主海报设计旨在宣传主题和文化，以丝绸之路西域段的路线图为切入点，从各个方面进行联想，

对旧有的图像进行突破，将原来具体的图形与新创作的图形联系起来，通过图形的相似表现主题，唤起人们对西域文化的联想。

四张分海报设计：“果域”品牌包含四大系列，有哈密瓜干、葡萄干、杏干、大枣。四张分海报分别对这四种干果做宣传，以客观物体为基本形态，将物体图形化，通过插画的形式加以表现。在色彩表达上，图形使用物体原有的颜色，黄色的哈密瓜，绿色的葡萄，桔色的杏，红色的枣，生动形象地再现了主题，并且与主海报相呼应，具有强烈的视觉冲击力。

随着世界设计运动的发展，科学技术的巨大进步为人类创造了前所未有的物质文明，同时也对生态环境造成了严重的威胁，对此，人们深深有所醒悟，意识到获得经济的增长是以环境污染为代价的付出，这种危害是巨大的甚至是不可恢复的。直到20世纪80年代，绿色设计理念横空出世，在世界上掀起了一股热潮，包装设计中也逐渐融入绿色设计的理念，推崇简约、绿色包装。在本设计中包装设计为遵循绿色设计中的“3R”原则，注重回归自然追求纯真，以精简为主，想要恢复古时的味道，带大家领会西域风采。

在包装设计的材料选择上，此次设计选用不对环境造成污染的纸质包装、布包装和玻璃包装（图4-3-14）。纸质包装主要使用牛皮纸，与其他纸质材料相比，牛皮纸更能突出主题，使人联想到复古、环保。布包装使用麻布，麻布虽然质地粗糙，但是却给人原始之美。玻璃包装使用透明玻璃罐，罐身明洁透亮，可以一目了然的看到产品，吸引追求浪漫生活的人们。整体运用装饰的手法，在包装形体表层附加一些干果的装饰性图形，

不重“写实”重“传神”，丰富了包装的外观，赋予它们新的形象，体现出产品的天然性，使人感受到返璞归真的景象。

色彩语言在视觉上具有很强烈的冲击力，因此在包装上对色彩的使用显得极其重要。不同国家、不同民族对色彩的喜好都不一样，色彩决定包装的基本格调，本次包装设计使用材料固有色彩，其基调为黄色。黄色，是新疆人民生活环境的真实写照，用此来代表土地和大漠的颜色再好不过了。包装中自然色彩的应用让人感受到新疆人民的淳朴、亲切。

图 4-3-14　果域招贴与产品包装设计

在“果域”系列文化产品的设计中以骆驼为典型现象，进行创意设计。骆驼，被誉为“沙漠之舟”，在运输方面充当了重要的角色，它们用宽厚的脚掌踏出了连接欧亚的“丝绸之路”，在这条道路上，一队队骆驼商队越过崇山峻岭，将古代中国的造纸技术、养蚕方法、灌溉技能等带向中亚、西亚和欧洲，并带回了葡萄、石榴等食品，它们将清晰的脚印留在沙漠里，谱写了一曲曲极具西域特色的乐曲，让不同文化穿越大漠融汇在一起。

“果域”品牌吉祥物就是选用了骆驼的形象，将骆驼拟人化，赋予它人的情感。人物设定其实是一只不满足于天天在一个地方劳累驮货物的骆驼，性格开朗，十分勇敢，爱好探险。生活在西域那片神秘的土地上，在不断旅行的过程中发现一个又一个的秘密，为新疆干果的运输及文化的传播做出了贡献。

抱枕、包和相框的设计，都属于人们的生活用品，融入生活的方方面面中，它们的材质选用粗糙的麻布料，让人们更加贴近自然。将包装、海报中的元素放到这些载体上面，更能突出“果域”的品牌文化。

随着DIY文化的风靡，其内容和形式深受人们的喜爱，彩绘石头便是其中一种。石头是一种很容易获得的资源，是大自然的产物，为了迎合“果域”这一主题，产品采用在石头上手绘了一些民族图案和装饰画，既表现了品牌文化又符合当下年轻人的追求（图4-3-15）。

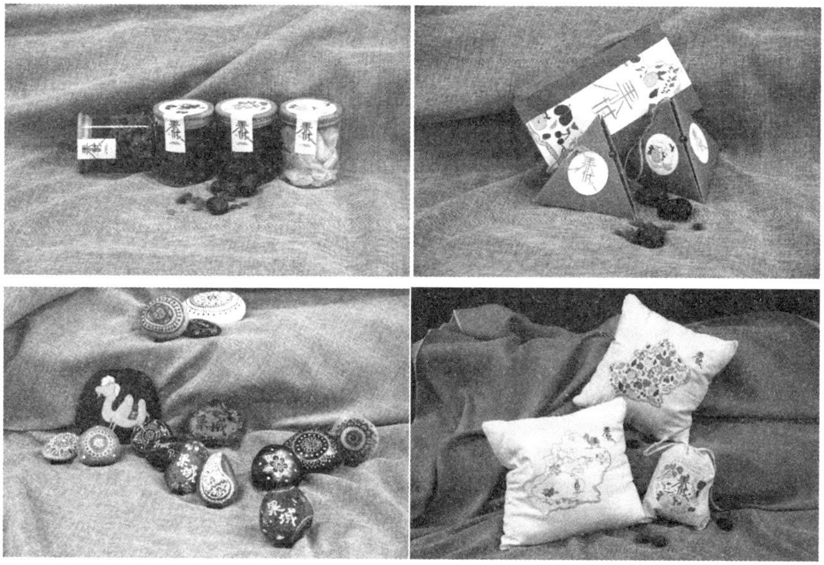

图 4-3-15　周村烧饼包装设计

作者：刘冬敏

周村烧饼是带有浓郁山东民俗特色的食品，是著名的山东特产之一，也是游客山东旅游选择较多的旅游产品。在产品的包装上用插画的形式描绘烧饼的制作过程、街边售卖、以礼相送、家庭聚餐等场景，把民俗与美食结合起来，包装设计中图形的表现力对整个设计风格的影响是至关重要的。经过不断地思考和选择，我选择利用插画的形式来表现。所用的插画题材都是跟美食相关的（图4-3-16、图4-3-17）。

起初烧饼的包装设计要体现产品的传统性，除了在图形上进行设计以外，包装材质的选择在传统设计的表现上也起到了至关重要的作用，例如，木质、牛皮纸、印花布等等这些元素在包装设计的应用。

图 4-3-16　周村烧饼包装设计

图 4-3-17 周村烧饼包装设计

同样是针对周村烧饼进行的包装设计《博香饼》包装设计将中国传统民俗服饰与包装设计相结合产品包装设计，体现饼的传统性。包装采用圆形设计，既与产品外形契合，又符合了中国传统民俗中对团圆和睦的美好寓意。包装中将盘扣、中国结、祥云的传统元素融入到设计中，结合牛皮纸、草编等材料进行包装设计。产品既满足了便于携带的实用功能又充满了浓郁的乡土风情（图 4-3-18）。

山东是旅游大省，有丰富的旅游资源，水浒文化是山东特有的旅游文化，《“郓城纸牌”旅游文化产品》正是将水浒传中的人物与水文化结合设计的产品。是水浒纸牌其字面意思主推出水浒二字。郓城地处山东腹地，与 800 里水泊相接，其地方独特的水文化，水历史极其丰富。以水融合变形，用水的形态波纹来表现。以这种形式表达对水浒纸牌水浒文化的传承与变化。表现古老和传统，现代和变化。字体运用的简洁大方，以最直观的方式清晰地展现主题（图 4-3-19）。

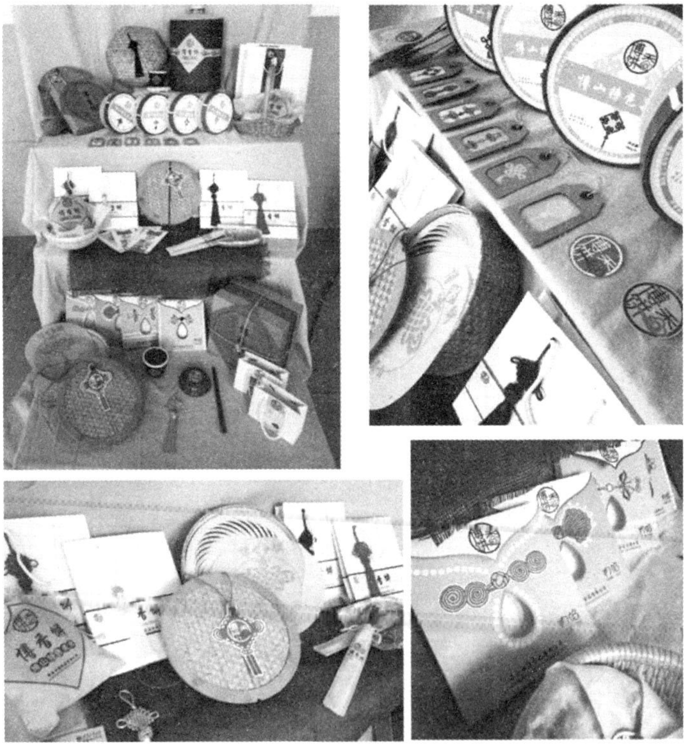

图 4-3-18　《博香饼》包装设计

在纸牌版面的设计上，采用的是现在国际上通用的上下对称的方法。条字牌绘索条形，饼字牌绘古钱形。上下两个辅助图形，用作装饰，并且有便于认识纸牌的功能。人物图像的设计上从上至下分别是人物的赏钱数目。在下面的是人物名称。名称下面的是人物图像。人物设计的原则是块面化，线条简单明了。人物以正面上半身照为主，正面居多，有几张半侧的。以一万纸牌燕青为例，燕青是北京大名府人氏，是“玉麒麟”卢俊义心腹家仆，所以头戴家仆帽。在水浒中有很多英雄喜欢头戴鲜花，所以在帽子上加了一朵鲜花，把帽子空旷的部分填充起来。水浒英雄原本都是绿林好汉，为反抗宋代末年政治腐败，才落草为寇逼上梁山。在他们头戴部分设计一些红色的，象征农民起义军的意思。

在进行饼字牌的设计过程中，在现在设计的麻将中，饼，就是相叠加圆。在中华文明长河中，钱币的发展也是一部活历史，价值的载体也多种多样，但应用时间最长的就是铜钱。方孔铜钱应天圆地方之说，古代人们认为天是圆的，地是方的，所以中国古代铜钱的制式大多是这个样式。在饼字牌的设计中就想到了用铜钱代表普通圆表示饼字数量的含义。

在条字牌的设计中借用铜钱的理念，把铜钱样式穿成钱串，古代铜钱按吊说，几吊钱，几吊钱的，根据铜钱位置不同，其间用简单的线条做连接，简洁大方，清晰明了如图。

对传统的水浒纸牌进行再设计，让其文化传承薪火相传。使其成为可推广的旅游文化产品。通过游戏、海报宣传等方式呈现水浒纸牌旅游纪念品的特点与创新，让其活力激情迸发。以旅游纪念品的设计为主要目标，产品小巧精致便于携带，成本低、价格实惠，新颖的设计使其在众多旅游品中跳出，无往不利，增加消费购买欲望。

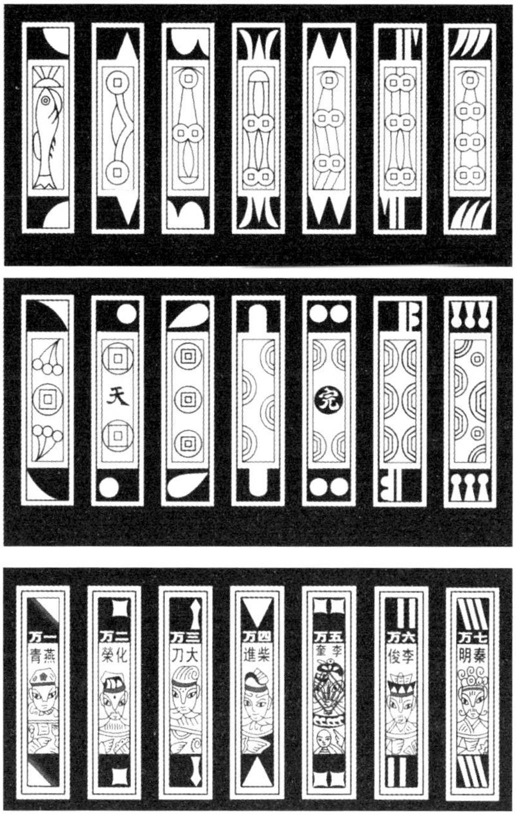

图 4-3-19 “郓城纸牌”旅游文化产品

在旅游文化产品设计中可利用的民俗元素不胜枚举，如图 4-3-20 至 4-3-22 都是采用安徽特有的民俗元素进行的旅游文化产品设计，风格却又各不相同。凤阳花鼓蓝牙音响设计，作品以安徽凤阳花鼓为创意点，创作蓝牙音响，将民俗文化与现代科技完美融合，地方特色浓郁，实用性较强。外形小巧玲珑、方便携带。带一只凤阳花鼓，一路风景一路歌。

图 4-3-20　凤阳花鼓蓝牙音响设计

（作者：杨小山 何瑞强）

作品《马头墙照片夹》采用徽派建筑中的经典元素马头墙的造型进行设计创意。马头墙和照片结合在一起后即展现出徽州青瓦白墙的意境。小巧精致，简单而不失创意，实用而不失美感。从小处精准切入，来宣传安徽旅游文化。

图 4-3-21　马头墙照片夹

（作者：李佳云）

除了视觉形态的元素之外，还有很多民俗元素都可以成为旅游文化产品的创意点。作品《方言牙具》巧妙地将安徽方言设计在牙具套装上，既实用又有创意性和趣味性，设计风格简约大方。既可单独制作售卖，又可批量生产，是非常实用的旅行纪念品。

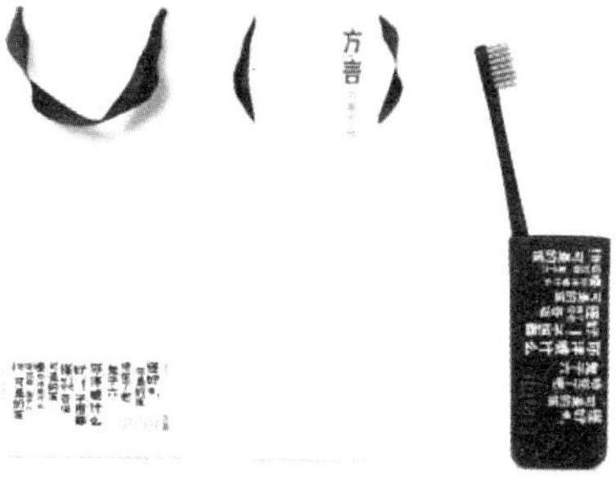

图 4-3-22　方言牙具
（作者：丁文相）

第四节　基于传统手工艺的旅游文化产品设计

一、基于传统手工艺的旅游产品发展概述

对于中国的旅游业发展来说，中国国际旅行社的成立是一个新的开端，它主要以发展海外业务、拓展国际旅游业务为主，它标志着与旅游业发展相关的其他产业得到振兴和发展，如我国传统文化旅游产品等。当时就出现了专门生产供应外国人购买的旅游工艺品的国有工艺品生产企业，各大城市的友谊华侨商店中也有中国传统特色的旅游工艺品出售。之后，为大力发展旅游业及附属行业，在 1993 召开了全国第一届旅游商品工作会议，同时经过相关部门的商讨、审定批准了 300 家企业作为旅游商品的定点生产企业，第一批中有就有北京珐琅厂和北京市工艺美术厂的景泰蓝、天津杨柳青画社民间艺术杨柳青年画、大厂回族自治县特种工艺厂的蒙镶工艺品、苏州刺绣研究所的苏绣、无锡惠山泥人厂的惠山泥人、成都旅游工艺品厂的工艺品等等，由此可见我国早期的旅游文化产品是以传统手工艺产品为主。

旅游业发展至今，虽然旅游文化产品的种类越来越丰富，尤其近些年文创产品发展迅猛，但基于传统手工艺的旅游文化产品仍是旅游文化产品的主体，并伴随着传统手工艺品的发展而发展。如最早向外国游客销售的旅游纪念品多为工艺品，而后的全国旅游商品定点生产企业中也有很大一部分是工艺品厂。今后的旅游纪念品的发展也离不开传统工艺品的发展。

传统手工艺品在我国的旅游文化产品的种类中占有较大的比重，我国真正意义的旅游产品是从新中国成立之后开始的，我国的旅游文化产品生产是建立在传统手工艺产业基础之上的。

二、基于传统手工艺的旅游文化产品的开发思路

传统手工艺类的产品，如天津的泥人张彩塑、济南的兔儿爷、潍坊杨家埠木板年画、山西的推光漆器等，是传统文化被传承和发展的载体，民族民间传统文化通过它们体现出来。作为民间传统手工艺品，它们都是与大众生活十分贴近的，这就使得它包含了原始艺术成分，同时也成为大众生活的一部分，也就使其具备了传承变化的灵活性。它们被创作的结果是广大百姓需求的体现，老百姓需要什么，就会做出什么，所以“传统的传承，群体共同的创造”，是传统手工艺品能够永久存在并不断出新的最主要原因。

以传统手工艺为根源创作的旅游产品，与以融入民俗文化符号的旅游文化产品、结合时尚科技元素为特征的旅游文化产品开发的情况不同。以传统手工艺为基础的旅游文化产品蕴含了历史性，有年代的味道，是一种民族固有的文化符号，无法被动摇或替代。它的创新设计与产品开发需要在尊重传统的同时做到与时俱进，求新求变，要从如何提升游客的认知度以及如何发展品牌化、系列化，提高产品的品质感及衍生品设计等方向进行探索。

（一）适应旅游产品的特殊属性。

适应旅游产品的特殊性，进行体量的调整，外包装的再设计，解决产品的便携性与安全性，方便游客的携带。

（二）在传承“传统意义内涵”的基础上，拓展产品的类型与风格

在传承“传统意义内涵”的基础上，进行类型风格的拓展，如在造型上结合本地域其他的形象元素，丰富其文化内涵，结合其它工艺进行产品种类的创新。瓦猫是云南特有的屋脊兽之一，不同地区不同民族对瓦猫的放置位置及寓意还有不同，如鹤庆的瓦猫是辟邪纳吉的寓意，而丽江纳西族的瓦猫还有“吃铁屙金”、“吃外爬里”的招财寓意，将两种寓意结合则丰富了瓦猫形象原有单一的文化内涵，形成了基于传统瓦猫形象的“猫福”形象，成为具有云南特色的 IP 形象。基于瓦猫形象的美好寓意，保留瓦猫原生态的特征，结合当地银饰加工工艺则有创造出新的产品，拓展

了瓦猫产品的类型。

（三）引入外来文化，顺应市场需求

每个国家和民族都有其自己的文化根源，随着国际交流的不断发展，文化间的碰撞、融合、影响也都在悄悄地发生，甚至受外来文化的影响，本民族文化也向着更好的方向发展。由此联想到民间传统文化，我们应该有度地将外来文化融入传统手工艺品的设计，顺应市场需求。此外，我国地区的其他文化形态也可以被引入某一文化的发展之中，将中国的多种文化元素进行融合创新，也可能带来意想不到的成果。通过引入不同的文化，丰富旅游文化产品的形态，扩大销售市场。

（四）加强传统手工艺品的品牌建设

品牌即一种产品的标识，它有自己的文化精神和产品寓意，它体现的是大众的精神追求和对价值理念的认同，是产品价值最核心也是最直接的表达。每一件传统工艺品的诞生，都有其追溯的原型，要么是神话传说中的经典人物，要么是历史名人或与人物相关的典故，无论哪种形式的文化传承，都对传统手工艺品有独特的塑造意义。围绕这些风格独特的传统文化，这些手工艺品往往已拥有十分成熟的品牌文化。在此基础上应结合现代设计创新，利用传统媒体平台及发展迅猛的新媒体平台加大对传统手工艺品的品牌文化传播。依靠完善这些古老文化载体的品牌建设，围绕品牌内涵和精神展开新产品研发，打造一系列以品牌建设为中心的、具有识别意义的产品，使传统手工艺品得以在市场上立足。

（五）提升产品形象，进行包装的再设计

要提高产品的形象认知度，体现出手工艺产品制作精良的特色，产品包装设计就显得尤为重要了。我国的绝大部分的工艺品都存在产品本身精良的品质与作为旅游文化产品所应具有的商业价值的不匹配的问题。产品本身的文化内涵、深厚的历史底蕴在包装设计上难以传达，品牌认知度较差。成功的包装设计是旅游产品尤其是传统手工艺品打动用户的关键。游客可以借由包装第一时间便可准确体会产品本身具有的象征意义和文化内涵，获得意料之外的喜悦。

三、以“虎丘泥人”与“惠山泥人”为例分析手工艺类旅游文化产品设计

“虎丘泥人”源于苏州泥塑，苏州泥塑是用粘土塑制成各种形象的一种地方传统手工技艺，在民间俗称“彩塑”“泥玩”，以前都集中在虎丘山塘一带，所以又称“虎丘泥人”，2008 年被列入第一批国家级非物质文化

遗产名录。苏州泥塑是苏州特有的传统艺术形式，也是研究中国雕塑艺术的珍贵资料，更是中华民族一笔宝贵的文化财富。它集民俗、宗教、雕塑、绘画、书法等于一身，并具有艺术、历史、观赏、收藏等价值，因此它的良好发展，对于今天民族传统艺术的继承和发扬具有较大的意义。“虎丘泥人”的影响十分深远，成为惠山泥人制作的原型。

虎丘泥人与惠山泥人都善于“塑真”。“塑真”也称“捏像”，是一种在现场制作成型的手工艺制作。张霞房曾在其著作《红兰逸乘》中这样评价虎丘泥人捏像：“虎丘捏像，老少男女，神气宛然，固绝技也”。此外，还有故宫博物院馆藏的《雍正皇帝真容彩塑像》（图 4-4-1）作品，此作品的捏制与收藏的画像神似非常：“面颊清癯，头戴盘龙结秋帽，头后梳辫，白面朱唇，身穿石青云纹对襟长袍，衣纹简练流畅，足登朝靴。”这件捏制塑像的成品，经过了皇帝本人的认可，其相貌举止与人物十分契合，这是历史上极具价值的藏品。

图 4-4-1　虎丘泥人《雍正皇帝真容彩塑像》

虎丘泥人以写实著称，对细节把握的十分细致，捏制作品的主题对象也多为戏文、孩童、捏像等，所以留存的“细货”较多。

作为花开两朵之一的惠山泥人，是江苏无锡汉族传统工艺美术品之一，无锡三大著名特产之一。无锡当地艺人取惠山东北坡山脚下离地面约一公尺以下黑泥所制，其泥质细腻柔软，搓而不纹，弯而不断，干而不裂，可塑性佳，适合“捏塑”之用。惠山泥人以其造型饱满，线条流畅，色彩鲜艳，形态简练而蜚声中外，其精湛的工艺技巧和完美的艺术造型，凝聚了古代汉族劳动人民智慧和艺术的结晶。惠山泥人一般可分为两大类，一类为“耍货”，也称“粗货”，采用模具印坯，手工绘彩，造型单纯，用笔粗放，色彩明快，形神兼备。内容大多以喜庆吉祥题材为主，如大阿福、老寿星、渔翁得利等，深受群众和儿童喜爱。另一类是手捏戏文，也叫“细货”，作品取材京昆戏剧中的精彩场面，人物刻画生动，色彩华丽，耐人寻味，适宜人们喜庆赠礼或欣赏之用。历史上曾盛极一时，但已很少见。

“手捏戏文”中以人物的组合出现为主，2~3 人一组，用于表现戏文的经典桥段情节，将戏文中的精彩神态定格在捏制人物的脸上，不仅有优美的造型，色彩运用也十分丰富，绚丽华贵。其中，尤以人物性格、表情的塑造堪称极品，郭沫若曾这样表达他对泥人塑造的认可：“人物无古今，须臾出手中”，是泥人中的精品。

惠山泥人中还有一类称为“粗货”，粗货又称“耍货”。惠山泥人的代表作“大阿福”“蚕猫”和“青牛”都是“粗货”类型，是惠山泥人浓郁民间特色与江南情调的典型代表形象。例如，《大阿福》（图 4-4-2）的形象造型一派安祥，眉清目秀，和颜悦色，满脸笑容，受人喜爱，承载了人们祈求孩子健康成长、吉祥如意的美好愿望。

图 4-4-2　惠山泥人《大阿福》

1992 年国家旅游局将大阿福定为当年的旅游吉祥物，如今的大阿福不仅是惠山泥人的典型形象，已经成为无锡的城市 IP。“阿福”不仅仅是一件民间手工艺产品，已经发展成一种文化，一个品牌。

苏州“虎丘泥人”与无锡“惠山泥人”作为江南泥塑艺术的一对姊妹花，地域相邻，文脉相通，惠山泥人拥有如此生动的品牌形象，取得传统手工艺行业保护、传承与市场营销的多赢局面。而曾经名满天下的“虎丘泥人”渐渐衰落。对照可见建立传统手工艺良好的品牌形象可以帮助其提升美感价值，传统手工艺的价值才能得到有效的转化。第一，建立与传播品牌形象；第二，进行包装及文创设计；第三，工艺师与设计师的联袂合作。文创产业发展模式中，传统手工艺通过市场重新定位、文化属性与跨界设计的导入等手段进行解构与再设计，为更好地推广民族文化产品做出更多的努力。从设计思维角度进行创新传承，以传统手工艺为基础的旅游文化产品必将重新绽放其特有的艺术魅力，激活其新的市场活力与生命力。

四、基于传统工艺的旅游文化产品设计案例分析

对基于传统工艺的旅游文化产品设计，应该从其文化根源出发，尊重传统文化原型，以同样的生活形式继承文化存在的载体，还应该顺应时代、符合人们的审美需求，将古老文化蕴含的重要精神与现代文明相结合，碰撞出新的联系点。这种联系的碰撞是十分有难度的，它既需要在宏观层面上进行细致的运作，又需要在微观层面上制作出能够体现手工艺品的灵活性。从这两个层面出发，结合创意设计来抓住市场需求，使产品的经济价值被发挥到最大限度。

同时由于传统工艺的实施者多为民间手工艺人，他们拥有精湛的传统手艺，但是缺乏对产品形象的现代化设计，正因如此，一方面要针对传统手工艺与现代审美现代生活习惯的链接，提升产品美学，另一方面要加强文创包装，提升品质，将传统手工艺升级为文化创意产业。

漆艺在我国有着八千多年的历史，漆艺开始是作为一种实用器物出现的。漆艺作为人们生产智慧的产物，它的特色与性质赋予了它重要的作用价值，它特有的光泽不仅使器物的实用性能大大增强，还使器物有了美的价值，它是人类发展史上物质文明与精神明文进步的一种标志。所以，漆艺所具有的实用性和审美性，使它的发展方向也有了多重选择，不仅可以作为生产实用的物体而进入千家万户，还可以作为独具价值的欣赏品被生产。在中国不同地域又有着富有当地特色的漆艺品种并孕育出属于本地域的漆艺品牌。传统漆艺产品一直是极具代表性的旅游产品，如山西的推光漆器、福建厦门的漆线雕、山东潍坊的红木嵌银漆器等。

漆器制作繁复，材料昂贵，自古以来都是达官贵人的专属。但漆艺的属性又深深吸引了生活在现代的人们的目光，它能满足现代人的需求和对美的追求，其优雅静穆的气息和东方古韵是旅游文化产品设计中要追求的文化属性。随着文化旅游的兴起，为了迎合旅游市场中对旅游文化产品的

需求，各地的漆器品牌都在尝试创新并取得了可喜的发展。平遥漆器通过近些年不懈的产业创新与宣传推广已经成为平遥旅游的首选产品（图 4-4-3）。同时平遥推光漆器在运营模式商业进行了多种尝试，推出了前店后厂的营销模式，如平遥唐都漆器厂，在平遥古城中不仅有多家专卖店，还扩建了创意园区，该园区以推光漆器文化产业为中心，全面发展可行性的副产业，包括产品生产、创新研发、培训管理、展览收藏、传统文化展示传播与文化教育等。该产业园区建筑面积达到 2.3 万平方米以上，包含中国漆艺博物馆、漆器研发培训中心、漆艺文化传播中心、工艺美术大师工作室、漆艺演示大厅、中国四大漆器展销厅、植造漆树林等，经过产业的不断发展与进步，其影响力逐渐扩大，还获得了产品自营出口权，成为山西省平遥县第一家漆艺文化产业，唐都推光漆器成了“平遥送给世界的新名片”。

图 4-4-3 平遥唐都漆器

同样位于著名的旅游城市，同样是富有地域特色漆器品种，位于世界风筝之都潍坊的红木嵌银漆器却面临巨大的考验。潍坊红木嵌银漆器是在名贵的红木上雕刻并镶嵌银丝最后髹涂大漆的一门传统手工艺。将雕刻、镶嵌及髹漆技艺集于一身。红木嵌银漆器由于用材考究、工艺繁复、纹饰精美等特色，一度成为我国对外交流的国礼。传统的红木嵌银漆器大到家具小到名片盒应用种类繁多。但是近些年由于原材料价格的飞涨，加之产品创新设计开发不足，导致产品竞争力不足，红木嵌银产业发展出现危机。以红木嵌银髹漆技艺为基础的旅游文化产品更是少之又少。在这种情况下，潍坊市政府及相关的企业也在针对产品设计美学的提升及产品种类开发上进行多种尝试。在 2018 年进行的潍坊嵌银髹漆技艺青年人才培训中，学员们将漆艺髹漆技艺结合潍坊特有的文化元素，尝试设计并制作了符合现代审美的旅游文化产品。这也是基于传统漆工艺进行的和有意义的实践尝试（图 4-4-4）。

图 4-4-4　基于潍坊嵌银髹漆技艺的旅游文化产品设计

作为传统工艺品这类特殊的旅游文化产品，其拥有丰富的文化内涵、精湛的工艺、独特的审美价值，但是在产品整体的形象设计中往往存在产品本身的文化内涵、深厚的历史底蕴在包装设计上难以传达，品牌认知度较差。成功的包装设计是旅游产品尤其是传统手工艺品打动用户的关键。

《绘声绘影》（图 4-4-5）是针对传统皮影艺术进行产品的宣传与包装设计。每一种民间艺术都有它各自的特点和重要性，在皮影的艺术设计构思上要在保留原有的基础上进行设计而不能凭空臆造，在皮影的造型构思上，利用现在比较受欢迎的公仔形象进行设计，在图案上采用传统的花纹进行结合，再结合皮影的特点来展现皮影艺术。

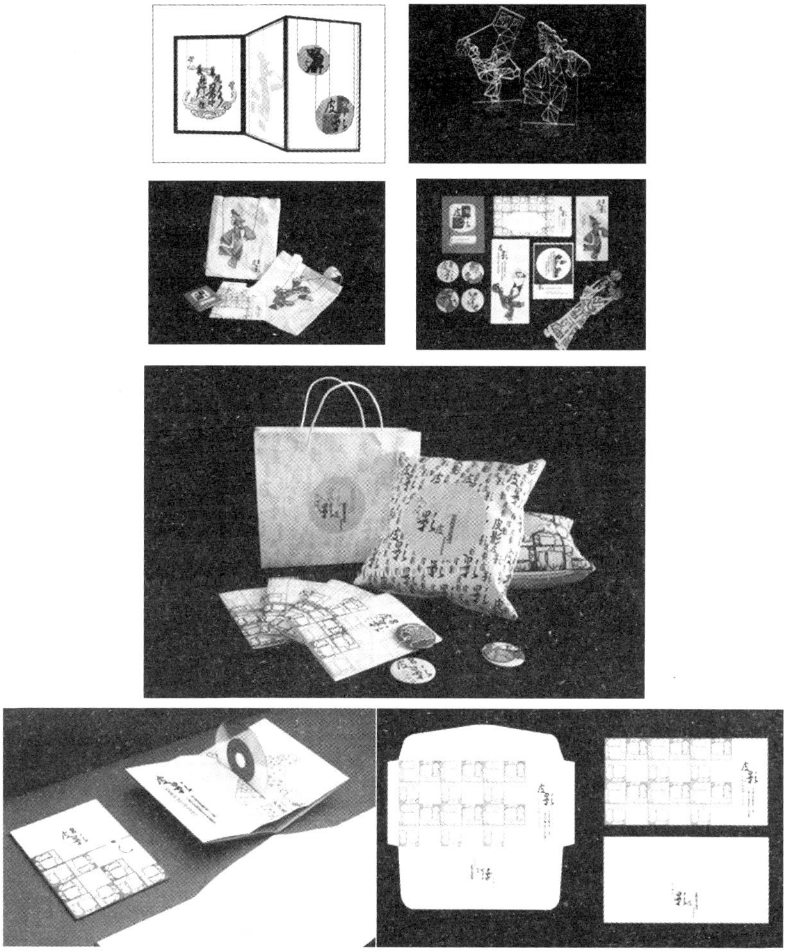

图 4-4-5　《绘声绘影》作者：金文文

对于传统民间艺术，在当代设计中越来越被重视。设计者开始对传统民间艺术进行研究，希望能够有更好的方法对它进行传承与发展。对于新一代的年轻人来说，简单的、个性的、颜色鲜明的、具有一定的表现力的设计作品更受他们的欢迎和追捧。利用简单的几何形与皮影结合，在用色彩上整体运用红、黄、绿三个色系。

在图形上，继承皮影原本的造型结构。在形式上，利用简单的几何形。在颜色上利用红、黄、绿色三个色系，因此在设计中主要突出的风格要统一。

海报的表现形式具有简洁明了的特点，希望运用最少的信息来获得良好的宣传效果。所以在设计中要突出版式的灵活，把握好元素的运用。

手提袋不但可以方便消费者，还可以借此机会进一步宣传产品，促进顾客对产品的观赏和购买，达到一个更好的宣传效果。在手提袋上选用纸质和帆布的材料。

在宣传作品方面主要是以折页、卡片等为主，以最简单明了的表现形式来达到最好的宣传效果。在材料上选取卡纸和铜版纸，更好的展现宣传信息。

《画里有话》（图 4-4-6）是对传统木板年画进行再设计，使其成为可推广的旅游文化品牌。通过雕刻、手绘、海报宣传等方式呈现木板年画旅游纪念品的特点与创新。以旅游纪念品的设计为主要目标，产品小巧精致便于携带，成本低、价格实惠，颜色鲜艳抓人眼球，新颖的设计使其在众多旅游品中跳出，增加购买欲。

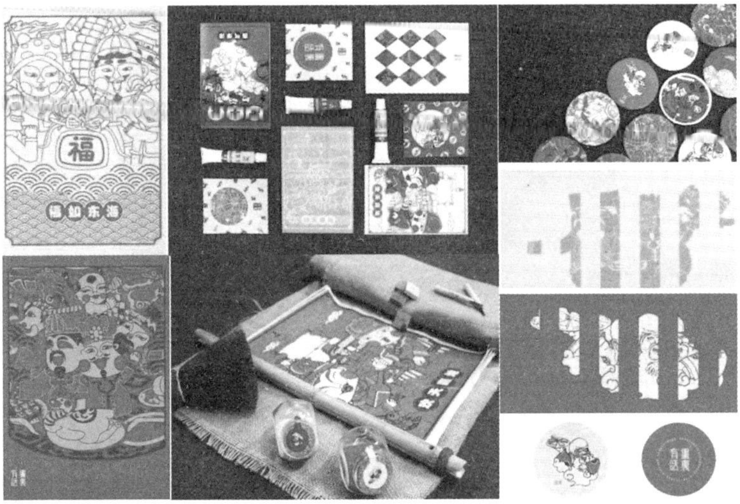

图 4-4-6　《画里有话》

（作者：蒋萌）

作品灵感是九重天上一个举着寿桃的传统小老头形象，天庭饱满地阁方圆，长长的胡须笑眯眯的小眼睛，颇有六小龄童版太白金星的感觉。在传统的思想里老人和寿桃都象征着福如东海寿比南山的美好寓意，是人们对老人的尊敬以及美好祝福。

图案以小老头风格为原型，绘制出十幅年画作品。要求画面饱满有张力，颜色鲜艳，形式多变，注重古今结合，与现代元素相呼应。

文字设计结合了隶书与楷书的特点，将两种字体加以融合变形，以雕刻的形式表达对年画木板雕刻的古老手工艺制作的延续。“画里有话”四字以繁体书写，表现古老和传统，文字简洁大方，以最直观的方式清晰地展现主题。设计了四种排列方式，以横版、竖版、圆版等形式分别应用到各类产品上，方便应用。

标志以小老头为主要图形，加以文字设计糅合而成，标志风格古朴而不落俗套，简约而不简单，颜色以红色为主，另设计了黄色图案以应用到红色设计中。

年画颜料多以槐子黄、木红、墨黑、锭蓝、章丹、银朱等自制颜料为主，但传统手工的颜料并不能够应用到现代生产中，所以在配色方面结合了现代印刷颜色，如煊赫等。对新配色的色彩和版式进行了再设计，应用标志字体，延伸出三十张年画作品。

第五章　旅游文化产品设计评价方法

本章介绍的是旅游文化产品设计评价方法，游客通过特定的旅游动机，以旅游文化消费的形式，通过直觉感官和产品服务感受所形成的整体上的对旅游文化产品在认知上的反馈。本章首先论述了旅游文化产品设计的评价目标与原则，然后论述了旅游文化产品设计评价的不同指标。

第一节　评价目标与原则

一、评价目标

现如今，提高游客满意度已成为满足现代旅游市场需求的重要途径，评价目标就是为了能够更好地设计出满足游客满意度的旅游文化产品。

二、评价原则

（一）科学性原则

旅游文化产品评价指标体系作为评价旅游产品开发过程中的整体开发程度、产品设计情况及细节的重要性指标，对旅游产品的开发具有指导意义。因此在选取评价指标时要充分考虑其各项的科学性，并着重思考指标是否能做到衡量产品设计的创意性特征的问题。

（二）全面性原则

旅游文化产品在现代的旅游文化的服务当中成为了一种物质的载体，成就了旅游产业文化内涵的物质外现。在构建产品指标体系时，要考虑衡量产品设计理念、功能作用、外观展示、内涵体现的各方面指标是否要素齐全、完备。

（三）可操作性原则

评价指标在设计时要以是否能做到旅游文化产品开发中各类产品的差异性衡量；是否适用于所有同类型产品；是否有数据获得的可能性，是否在数据获取的准确性上有保障；是否坚持从实际出发等。

（四）动态性原则

由于影响产品要素变换的因素（市场因素、环境因素、消费者喜好等）总是在不断变化的，因此在建构指标体系时，要尽量设计、选取包容性强的具体指标项。并且做到不断收集各类对产品的反馈、意见等，定时定性调整产品评价指标体系，建设产品动态化评价管理模式和流程，形成一个评价对象特征的评价动态评价系统。

三、评价指标

这里的评价指标是以游客的满意度为基础所选取的，包含游客可感知的文化旅游资源、旅游文化产品特征以及服务三方面。接下来将针对这三个方面进行具体阐述。

第二节　文化旅游资源方面的评价

文化旅游所从中展现的出来的旅游产品有着丰富的文化知识，旅游者在旅游的过程当中会对于这些旅游文化产品会很高程度积极参与和不确定因素的改变性大，这个问题受到了越来越多的人们的重视。为了更好地去保护、开发和更有效的去利用文化旅游资源，通过多方面综合因素的考虑去设计出对于游客吸引力比较。

关于价值评价，可以从经济价值和社会价值两方面进行考量。（1）对于文化旅游经济价值的评价这个方面是极有利于文化旅游资源的根本。从周晓倩的研究可以看出长三角地区的各城市文化旅游资源是一个基本的载体并且规模也很庞大，对于这个载体进行了构建，首先完善了文化旅游的资源系统与价值评价体系，然后针对于这个系统又做了更进一步的评价，即：关于价值的评价，一起讨论商榷关于长三角地区的区域文化旅游协同开发资源利用的策略；周英（2014）采用旅游成本法、条件评价法和成本效益分析法等多种定量的方法，深入探讨了关于遗存的文化资源以及一些遗址遗迹存在的经济价值（其中有些遗址遗迹已经被损坏破坏）问题还有对其修复以后可进行再次利用的问题，针对于这些问题进行可实施的问题探讨；侯晓飞（2011）年构建创想了我国历史文化名村旅游资源的价值评价模型，通过对这些历史悠久文化内容富饶活跃的代表性村落的评价，进行有效的保护和利用。（2）对于文化旅游资源的社会价值研究开发，主要考虑到的因素是：给社会带来的发展、区域交流与合作、民族团结、生态环境共建等多方面带来的影响。王贺婵（2015）提出了一个看法，她认为有效的挖掘当地文化特色和开发文化旅游的资源，可以去强化当地所开发的旅游环境和文化，并且在很大的程度上获取了当地人们的认可和支持，大大增强了民族的归属感，与此同时也在很大程度上提升了民族的凝聚力，也快速推动了社会向前发展的脚步；崔丽娜（2011）认为民俗旅游的一个基本的发展载体是民俗旅游文化资源，它作为载体可以促进当地的经济发展、保持民风民俗的本真、促进地区之间的交流与合作，大大的增强了民族的凝聚力。

关于开发评价，主要从三个不同角度对其进行分析：一、针对于某具体的区域进行细致分析，继而深入探讨该区域应该如何去利用独特的文化旅游资源去发展具有不同特色的文化旅游，着力分析总结出具有代表性的文化旅游资源项目开发的模式。例如：许志晖（2006）等通过不断的调查研究总结了最主要的六种国内外文化旅游的开发模式，以南京市为例，总结了这座悠久历史文化城市整体的文化旅游的资源类型和特点，提出了关于开发的五种模式，直接利用型-精品开发模式、整合提升型-背景开发模式、短期表现型-时效开发模式、原地浓缩-复原历史型开发模式和主题附会型开发模式。二、以时代背景为出发点，提出了关于文化旅游资源在开发的过程当中应及时关注的问题隐患。其中，比较具有代表性的有：刘玉等（2000）在着重分析以知识经济时代为背景下旅游者的价值取向、旅游中存在的行为和需求等方面的变化后，提出了关于知识经济时代文化旅游资源在开发时应该注意到的问题。三、从旅游资源的保护、适度开发和可持续发展的角度来分析，去进行深入探讨关于文化旅游资源开发的问题。其中，比较具有代表性的有：程晓丽等（2012）以皖南地区的国际旅游文化资源示范区为例，在通过不断的研究调查提出了四种模式，以营销为依托的形象整合模式、以市场为依托的产品整合模式、以空间为依托的地域组合模式、以产业为依托的文化与旅游互动发展的整合模式❶。

关于潜力的评估评价，多以探讨指标评估体系为主，主要以采用层次分析法、德尔菲法、态度测量法测量法等多种评估方法和手段，共同构建了文化旅游资源开发潜力的评价体系系统和模型；通过探索研究得到了结论：评价方法主要以层次分析法德尔菲法为主。邹伏霞（2014）通过运用其中的层次分析法，对于湘西州地区的一些民俗、民风、生态文化旅游资源进行了一个评价，针对于探讨之后的得到的问题提出了建设性的建议。

《旅游资源分类、调查与评价》国家标准中的“资源影响力”“资源要素价值”和“附加值”成为了文化旅游资源评价方法的评价指标进行评价。还可以将旅游者作为一个主体进行评价，通过他们本身的一个旅游游玩的体验感表达出对于文化旅游资源的意见并进行评价，从而我们可以从中得到旅游者对于旅游资源的感受和整体印象。此外，我们将旅游者游完

❶ 龙雨萍. 国内外文化旅游资源评价研究综述［J］. 市场周刊（理论研究），2017.

之后的体验感作为一个研究基础，根据这个我们建立出了一个规范的评价模型体系，来作为进一步分析的依据。

第三节　基于旅游文化产品基本特征的评价

文化旅游是国际社会普遍认可的一种重要旅游形式。它也是许多国家和城市作为不同于其他国家的形象和特征而采用的一个重要的营销卖点。旅游与文化的天然血缘联系，决定了旅游景区在进行产品设计开发的时候，要考虑将所设计产品与特定的文化要素结合起来。在当前旅游文化产品需求不断激增，如何评价文旅产品在产品功用和文化体验上的质量，是旅游理论和商界面临的一个关键问题。

一、旅游文化产品的基本特性

旅游文化产品的基本特性主要表现为如下六个方面。

（一）突出的文化特性

这是文旅产品最本质的属性，也是它区别于同类商品的最重要特征。在文旅产品的设计中，产品本身和文化就有一定的关联，但对于旅游文化产品来说，突出的文化性是其生命线。旅游文化产品的文化属性主要表现在：（1）文化产品的一切外在表现形式都围绕着特定的文化而存在；（2）它能够满足组织和个人对某一文化的审美需求；（3）它包含多种文化元素。显然，对于旅游文化产品，如果没有好的内涵外化的途径和手段，其价值就很难完全传达给游客。

（二）注重身心体验

旅游文化产品独特的将文化气息附着在商品上，来满足人们对于文化诉求的独特体验形式和内心怀旧、安慰情绪共鸣的需求。这是旅游文化产品和自然旅游产品的重要区别。例如，很多历史文化景点对于其自身宗教性、文化性的塑造，是为了给游客带来独特的身心合一的气质氛围体验。胡同文化旅游就是为游客提供了一个真实体验旧北京生活方式的机会。

（三）信息性

旅游文化产品的消费目的在于获取文化信息。在旅游者出行之前，从不同渠道获取的信息会直接诱发或抑制旅游者的决策；在旅游者购买旅游资源的过程中，旅游资源和设施本身所创造的意境是不断向外辐射的信息源，是相互影响的。旅游者与意境的关系是信息，产品消费后，旅游者直接进行决策。他们也会把他们收到的信息传播给其他人。因此，信息化是旅游文化产品的本质特征之一。

（四）唯一性

旅游文化产品往往独树一帜，离开某一地区就不再具有人们所接受的文化特征。例如，华丽的宫殿，但是建造再华丽的宫殿都不能和故宫博物院进行比拟，因为故宫博物院承载了数百年的历史与记忆他那具有独特的历史记忆和细节，是不可能复制出来的；你可以在任何一个地方复制出完美的自由女神像或宙斯庙，但你不能复制其中的文化基因。比如，许多微型文化景观主题公园，为什么管理这么差？究其原因，在于它与特定的文化背景脱节，不为人们所接受。

（五）互动性

旅游文化产品注重感受，需要亲身经历的特点就决定了它在形式上具有互动性，它的本质既是一种文化情感的体验，又是一种精神交流的共鸣。它的互动可以是行动上的，也可以是心理、情感上的。例如，洪洞大槐树，通过举行祭祖仪式来表现根祖文化，让游客通过亲身参与和情感感受，来达到一种根祖情感上的认同。它的互动性也是所有成功的文化旅游景点的特征。

（六）多重价值性

旅游文化产品的多重价值意义，为消费者带来了除去旅游本身丰富的价值体验。例如，一些校园文化景点，在文化体验和历史游览之外，还为游客提供一种精神归属的价值意义；像“白公馆”这些景点除了是红色旅游景点外，还是爱国主义的教育基地；再如杭州的西湖，本身就是一张靓丽的城市名片。旅游景区作为一种文化产品，不仅具有观光价值，还有提升城市形象、美化城市环境等多重价值意义。

基于旅游文化产品的基本特征的评价包括基于“四层次模型”的旅游文化产品质量评价。

二、基于“四层次模型”的旅游文化产品质量评价

旅游产品的文化性在它的层次性具有明显的体现。因此在评价其产品质量的时候，应该通过检测它的文化性在各层次性上的表现来判断。然而粗略的产品层次划分并不能体现出其具体的文化产品质量，还需要在每个层次建立具体而系统的评价指标体系，来获得进一步的指标数据。

通过调查研究我们知道文化功能学派将文化分为了三个层面：物质层面、制度层面和精神层面，其中精神层面也就是心理层面和行为层面。旅游文化产品也可以做出类似的分层结论。根据文化分层理论，旅游文化产

品可分为四个层次：文化载体（富含大多是物质层面）、文化内容（多为精神表现）、文化精神（精神核心）和文化价值（文化产品的实用性）。旅游文化产品四个层次的划分是构建旅游文化产品评价体系的出发点。旅游文化产品的这四个层次在存在上并不是孤立的，他们之间在关系上表现为互相依存和互为补充。好的旅游文化产品往往是外观设计性与内在文化性相统一的，他们通过优美的物质载体来传达优秀的文化内容。同时，它们还必须具有文化内涵，否则它们只是一个物质外壳❶。其中，它本身所要表现的文化性内涵是其存在的根本价值，失去了文化性，旅游文化产品也就失去了存在的意义。

根据旅游文化产品的特性划分为的四个层次可成为特定旅游文化产品的重要一级指标或者是关键指标。通过实地调研和几位专家的访谈，新颖性、观赏性、参与性是作为旅游文化产品的物质载体所表现出来的三个关于美的衡量指标。旅游文化产品的优良程度主要取决于三个方面：真实性、积极意义和受众的普遍性。旅游文化产品的优良程度主要体现在“正气、正义”精神、积极性和先进性三个方面。文化价值则体现在文化所具有的传承作用、启蒙功用和自身作为文化资源的价值这三个方面。

这些具体方面完全涵盖了旅游产品质量评价的二级指标项目。而四个关键指标具体分解细化之后就是旅游文化产品的评价指标体系了。通过这套指标体系，我们就可以具体对某一特定区域的文化产品进行分析衡量。具体的指标体系如表 5-3-1 所示。

表 5-3-1　旅游文化产品评价指标体系分解❷

	一级指标	二级指标	三级指标
旅游文化产品质量评价	文化载体	新颖性	奇特、震撼
			表现形式的多样性
		欣赏性	感官效果（视听觉、触觉、运动觉等）
			与周围环境的和谐度
		互动性	人群覆盖面（数量和结构）
			参与项目的多样化（数量和结构）

❶ 程超功. 旅游文化产品评价体系探究［J］. 江南大学，2009.

❷ 程超功. 旅游文化产品评价体系探究［J］. 江南大字，2009.

续表

	一级指标	二级指标	三级指标
旅游文化产品质量评价	文化内容	真实性	有可靠典籍记载或有文化渊源
			广为人知
		积极	内容健康向上
			符合各个群体的需求
		受众广泛	知名度和美誉度高
			符合目标群体的需求
	文化精神	正气、正义	
		积极	振奋人心
			陶冶情操
		先进	符合时代要求
			符合民众的文化心理需要
	文化价值	文化传承	文化延续
			发扬和创新
		启蒙功用	劝人向善
			价值观塑造
		资源价值	文化资源的累积
			市场前景

根据所建立的旅游文化产品评价指标体系，可以采用定量模型对旅游文化产品的优良度进行评价模型。我们从中可以得到具体可实行的操作方法：首先，根据之前所研究调查的内容可以得到旅游文化产品在各个三级指标上的得分。最后，利用层次分析法（AHP）计算各指标的权重和他的影响因素，然后我们根据权重和评价得分可以计算出所做的评价对象的优度值，这个优度值是很好的评比依据，利用这个得分，可以进行定量比较，比较不同的旅游文化产品，这是非常准确的，其中，各三级评价指标的数量可以根据具体的操作过程中不同的评价对象和实施方法进行必要的调整。应当明确指出，在存在不一样类型的旅游文化的产品当中，上面所叙述的评价因素的权重是不同的，即它们所依靠的成功的因素是不同的。譬如，对旅游文化产品，像电影节或者嘉年华等这些活动，我们可以了解到在这些活动上创造快乐、活跃的气氛和情感体验的因素是十分重要的，但是对于一些文化遗产旅游产品，譬如，博物馆、有大量文化遗产的地区

还有具有丰富教育意义的以及宝贵的资源价值，综合以上很多的因素，可以看出这些条件都是非常重要的。因此，在评价不同种类形式的旅游文化产品时，有必要去全方位的考察各个评价因素得相对重要性。

第四节　基于消费者、生产者、设计者角度的旅游文化产品设计评价

旅游文化产品对于它的生产、设计和消费者因为不同的利益关系产生不同的价值概念，因此各个利益相关方对它的评价也是不尽相同的。因此，需要以设计者、消费者、生产者各自角度的设计要素，以此为参考点进行旅游文化产品设计的评价。

一、基于消费者角度的旅游文化产品设计评价指标

产品的生产设计对于生产制造商来说，是为了要博得消费者的关注，甚至是喜爱，通过完成销售而获得利润。因此设计生产出吸引消费者眼球的造型设计，是旅游文化产品首先要做到的一个重要目标。在此前提下，产品的开发设计师就需要以消费者的眼光和角度来思考产品属性，通过分析研究用户心理，以解决用户对于产品最关注的问题来着手进行设计。如消费者普遍会关注的产品的功能性、经济性、创新性等。它们与产品的外观一同构成了消费者是否青睐产品利益相关的评价指标。另一个维度便是旅游文化产品的艺术性。作为文化属性是其第一要义的产品，在产品艺术性体现的把控上契合消费者心理需求的最核心要素。

（一）创新性

随着消费的升级，人们越来越关注产品的创新性进步。人们的审美品味越来越高，用户愈发青睐具有创新性的产品，然而创新是需要设计师不断探索、追求所要达到的，是产品设计中最难把控的环节。用在旅游产品设计中，有功能创新、形态创新、材质、配色、工艺等方面。越是具有创新元素的产品，越为用户所青睐。

（二）功能性

功能是消费者购买产品的主要原因，消费者可以根据自己的实际情况的多种因素加以综合分析，选择一种能够满足自己基本要求而又性价比比较高的旅游文化产品。

（三）造型

消费者重视旅游文化产品的造型设计，就是产品外观所传达给人的美

的感受。产品造型的时尚型、经典型是主流审美的一般表现形式，是消费者的关注的首要特征。丰富的物质社会条件为产品的造型设计提供了更加丰富多彩的可能，同时提高了当代消费者的审美水平。在此条件基础下的造型审美就更加具有了时代性的特色。同时产品的造型还应该服务于它的功能，不管潮流里的样式、色彩如何流行，都会随着时代的变革而不断变化，而产品的功能性却是它永恒不变的特性，造型应该始终为要服务于功能而设计。

（四）质量

旅游文化产品作为一种商品，质量是其衡量其优劣的很关键的因素之一。一个产品的美观、造型设计、使用功能都要靠它的产品质量为其提供保障。而产品的工艺、材质，以及生产产品的技术，都能决定其质量的优劣。其中产品的技术又是决定质量好坏最核心的因素。作为旅游文化产品的评价项目，质量因素，尤其是材料和表面加工工艺是产品重要的评价指标。

（五）人性化

人性化是指产品在设计、性能和体验感上更符合人体工学设计的原理，具备安全、便捷、舒适等特点，使人们在使用的过程中有舒适和愉悦感。人性化的产品设计是目前各类产品设计的一大趋势。文化旅游产品作为一种文化特征浓郁的产品，在功能上和设计上本身就应该具备与人沟通情感，满足人的心理需求的属性。在物质财富极大丰富的当今社会，更具情感交流性的产品反而更容易满足人们的产品诉求。在科学技术和信息网络化都异常发达的今天，人机可以互动交流，物物可以数据交换，良好的沟通性可以从不同的方面体现出来。色彩的沟通、文案的沟通，好的产品在某种意义上就是一个贴心的小伙伴。用人性化的设计来拉近产品与人，人与人的距离，也是旅游文化产品文化性功用的归属。

二、基于生产者角度的旅游文化产品设计评价指标

对于生产者而言，产品设计在承载其艺术价值、审美功用的同时，还在潜移默化中传达着企业的文化精神、价值观念，即企业的品牌化特征。企业负责产品设计的工业设计师通过对材质的选择，点、线、面关系的把握，色彩的搭配，来传达产品的文化性和艺术美，同时也将有人文关怀的人性化特点包含其中。产品设计理念作为企业文化的一部分，体现着企业的价值观、宗旨、经营方式和企业精神等。

（一）品牌战略

企业在进行产品开发的时候，会根据一定的品牌战略来进行前期的理念、设计体现，后期还要进行包装、营销等策略规划。一般来讲，品牌战略是一个相对长期的战略布局，需要通过系列产品的组合设计，各类具体产品的定位，结合当下市场的产品结构，去为品牌做一系列的整体性、战略化安排。从而使消费者从每一件所购买的产品和每一次品牌的宣传中对品牌产生认知，形成一种初级意义上的视觉、认知、情感的交流。企业塑造品牌是一个长远的过程，品牌理念和文化既能通过产品的设计和包装流露出来；同时品牌形象的建立又能让消费者对产品建立一种心理和情感上的信任。

（二）经济性

任何一件产品在其开发的过程中，最需要考虑的就是它的经济性的问题。它是决定消费者购买意愿和企业产品畅销度的一个最重要的因素。因此在产品开发的过程中，对材质的选用除了考虑其质量、功能的承载性外，还要充分考虑其经济性，让产品的设计、功用能很好地实现它的市场价值。

（三）技术水平

设计方案是指企业在市场需求、品牌策略、产品创意概念、生产技术和工艺的客观背景下，如何完成产品的形象、功能设计的方法途径。好的设计方案离不开先进的技术水平和硬件设备支持。

三、基于设计者角度的旅游文化产品设计评价指标

旅游文化产品在进入真正的造型艺术设计之前，需要对其功能实现、结构分析和生产技术等方面做出充分的考虑。特别是旅游文化产品在结构、功能、技术、造型关系上的相互关联性问题。

（一）造型

旅游文化产品区别于其他普通产品，会将其文化艺术性充分表现在造型上，作为文化气质在造型上的延展。因此它的造型表现形式就是他的产品功能之一。作为产品目的的功能在一定意义上决定形式，但也并不意味着相同功能的产品都会具有一样的样式造型，因为消费者的审美需求同样决定着产品的造型外观。随着时间的推移，产品的外观造型也不发生多次的改变、更迭，以适应社会的审美变化趋势，其功能性会随之做出适当的改变调整。

（二）功能

设计者不仅需要为产品的功能、结构、价格做理性而专业的定位，还要充分结合考虑消费者的一些非理性需求，如视觉冲击、情感寄托、灵感触达、生活情调、艺术美、仪式感等。因此文化旅游产品的功能设计要充分满足产品本身的理性和消费者的非理性情感需求。

（三）结构

一般来说，产品的内在结构是消费者无法通过直接观察而察觉到的。但它确是产品功能在物理空间上的物质表现形式。越是复杂精巧的功能，其结构越是复杂多变；同时，功能搭载的越多，结构也越复杂，价格也会随之提高。旅游文化产品在结构上的精巧设计，也是其产品功能艺术性表现的一种形式。

（四）技术

产品的功能和结构是以技术作为支撑的，产品造型的精巧设计尤其要要靠先进的生产技术。对于特殊材料的加工、艺术造型的实现、特殊工艺的处理，技术的先进程度都是其基础。尤其当产品进入工业化的量产阶段，高新技术的引进，是产品工艺性、质量性、艺术性的强大支撑，没有技术的基础承载，再好的产品设计也无法成为现实产品。

总的来说，根据旅游文化产品设计不同的利益者（消费者、生产者、设计者）来进行设计指标的要素核定，由此形成针对性的分析评价系统，才能为文化旅游产品的设计得出优质、全面的评价结果。

第五节　基于服务角度的评价

对一个完整的旅游产品进行质量评价时，必不可少的评价环节是对整个旅游活动过程中旅游服务进行质量评价。旅游服务质量的高低是评判该产业是否可进行可持续性发展的重要分析要素。

旅游产品是一种涉及消费者感官体验、过程互动性和消费服务性的综合性动态产品组合。对于旅游产品的评价既包括所提供的产品和服务，还包括消费者在旅游过程中的身心感受、情绪变化等复杂因素。因此在旅游服务的评价上，消费者更具有主观性，更容易加入自己的主观情感的价值判断。因此旅游产品的评价需要根据游客的出游动机、主观心理特征等的不同设计评价指标体系。总的来说，由于消费者主观感受是不同的，很难对旅游产品做出客观的评价。

黄郁成（1998）指出旅游产品质量的内涵应由三个因素构成：旅游产

品设计的质量、旅游服务过程的实施（即旅游接待）的质量以及旅游产品售后服务的质量，当然这三个因素总体的综合质量，是判断和解析旅游产品的总体质量。

第一，要做好产品质量，其中旅游产品的设计质量是最关键的一步。要想提高就要这个环节做得更好，即在旅游产品的设计质量上进行改善，首先从提高其设计水平入手，拿出以满足消费者消费体验需求的最大诚意来进行产品设计。

第二，旅游接待作为旅游服务的实施，其质量的好坏直接决定了旅游产品的质量水平。再好的旅游服务产品设计，都需要具体的接待服务作为质量保障。旅游接待的质量作为旅游产品质量的核心，会从旅游者的体验感受中反映出来，这种反应体现在两个方面。一方面是对旅游产品的物质待遇的反映；另一方面是服务水平的反映。首先，旅游者在游玩的过程当中会对当地特色的产品进行购买，那么就要考虑在他们所购买的旅游产品中，包含的物质待遇是否能够达到所要求的标准，也就是合同约定的标准；其次，在旅游者游玩的过程当中会需要导游、食品提供人员等一些人员服务（其中最为主要则是导游服务）是否能够达到所要求的标准。在来到一个陌生的环境游玩，导游便成了“道路通”，导游的服务水平主要表现为对景点的解说能力、对具体事物的处理能力以及对突发事件的应变能力。随着社会的不断发展和科技水平的不断进步，对导游进行了规范化，从之前的只是解说介绍到现在的持证上岗，导游的这个行业变得越发规范，国家旅游行政管理部门则对于导游管理实行持证上岗与等级评定，其中最为重要的就是等级评定制，主要凸显在各旅行社。因此，旅游服务质量的衡量因素主要表现在一定时期，一定地域内各旅游企业总体旅游服务水平，而旅行社的服务水平与管理水平的综合体现评判依据主要来自导游的水平与实际表现上。

第三，售后服务是旅游产品在质量保障服务上的延续。旅游产品的售后服务对于大多数的旅游者来说都是以后旅行或活动的选择依据，其为之前旅行活动做好了后续，也是成为“回头客”们的主要选择，为下一次愉快的产品服务奠定了美好的开始。是保障服务质量，延续服务体验的重要手段，由此可见，旅游产品的质量评价主要是围绕游客的体验满意度来进行的，凡是涉及游客体验的所有环节都会影响到最终质量评价的结果。景区就此需要从旅游产品的设计、游览活动的服务水平和旅游产品的售后来做质量的提升工作。而相关的质量评价标准体系建设也会从这三方面入手。

综上所述，旅游产品由有形和无形两部分组成。景区开发的可销售的实体商品称作其有形部分，而为旅游活动提供的一系列相关服务被称为无形部分。有形部分可以通过产品价格、安全程度、便捷程度、人性化设计等因素来衡量；而无形部分因为包含人员服务水平，设施状况、景区管理水平等诸多复杂因素，因此无法轻易做出直观性的质量评价，需要就一些指标反映来做出分析。作为一项复杂的组合型产品，质量的提升成为了首要环节，当然也需要硬件、管理、服务等多项协同配合进行。

定性评价和定量评价是旅游服务市场质量评价的两种基本方法。20 世纪 80 年代，维沃德提出了服务质量审核的概念，他认为服务质量的审核工作可以从四个阶段来进行实施：①准备阶段；②审核员准备阶段；③审核方法；④等级系统。他认为做好这个服务质量的审核工作，可通过多种方法进行实现，例如：观察、记录检查、询问、错误和倾向、检查表等方法。还有一种方法是关键事件法（ Criticallncident Method、CIT）。这种方法就是通过询问顾客对接受过的服务质量的看法和建议以此来了解经常出问题的服务环节或过程。凯伦讨论了 CIT 技术在饭店业的应用，认为这是一种较好的能够评价顾客感知的一种方法，利用 CIT 技术可以准确定位服务质量存在的主要问题并且针对于所提出的问题提出解决方案。但是当前大多数情况下定量评价法是进行旅游服务质量评价的最好选择，具体包括以下几种❶。

（1）差距分析法。格罗鲁斯认为服务质量是顾客比较其期望和实际的结果，两者之间的差距决定了服务质量的高低。表达式为：

$$Q=E-P$$

其中，Q 表示“服务评价质量”，E 表示“预期的服务质量”，P 表示“实际感知到的服务质量”。

当期望低于实际时，感知服务就是高的。反之，当期望高于实际时，感知服务质量就是低的。差距分析法通过调整期望、提升服务水平、同时采用调整期望和提升服务水平三种策略来提 高旅游服务质量。资料显示，格罗鲁斯在差距分析的基础上采用技术质量和功能质量 2 个维度评价服务质量。而 PZB 提出的 SERVQUAL 模型则是采用五维度进行差距评价，是一个包括有形性、可靠性、响应性、保证性和移情性五个维度、22 个指标的量表，量表采用从完全同意到完全不同意的 7 级评价尺度，以实际感知和期望之差来衡量服务质量，从而为找出服务质量问题的根源和如何提升服务质量开了创新的思路。刘易斯在此基础上提出了另外 2 类差距：管理者和顾客对服务传递感知的差距以及管理者对顾客期望感知和对服务传递

❶ 张懿玮．国外旅游服务质量评价：视角、内容、维度和方法［J］．旅游论坛，2012.

感知的差距。萨利赫和瑞安以及唐·尼尔森和屈海林通过实证分析验证了在酒店服务质量方面存在这些差距。当前，大量的旅游服务质量评价的研究都是直接或修正性采用差距分析法中的SERVQUAL方法。

（2）单一绩效分析法。克罗宁和泰勒通过实证和文献分析认为服务质量应该是一种态度，相比SERVQUAL模型，采用单一绩效评价的SE-RVPERF模型更有效率。他们坚持认为单一的绩效评价已经能够反映服务质量、不需要再考虑顾客期望。

ERVPERF模型只采用SERVQUAL模型中的效绩评价，不再进行顾客期望的调查和差距的分析，进而在很大程度上消除了在问卷中撰写项目设计数量的工作量。通过对关于旅游服务质量的考察研究发现，大多数的学者普遍用单一绩效分析法来设计问卷。不同于差距分析法，学者不再将研究的方向放在顾客的绩效和期望，而是直接向他们询问关于服务质量的评价。例如洛佩兹、迪亚斯和佩雷斯就常常使用服务比期望糟糕得多、比期望糟糕、与期望相符、高干期望、比期望高得多这五维度来收集顾客对于服务质量的评价。而索哈尔、罗伊和塞义德等则将优秀到极差之间分为七个维度来收集评价。因为它的简单易用，也受到了我国很多学者的青睐。❶

❶ 张懿玮. 国外旅游服务质量评价：视角、内容、维度和方法［J］. 旅游论坛，2012.

第六章　旅游文化产品设计开发的理论基础与策略

本章主要对旅游文化产品开发的理论基础和旅游文化产品设计开发策略进行探究，并以西藏地区为例，根据西藏特有的文化特色及环境等对西藏旅游文化产品的开发策略进行具体阐述。

第一节　旅游文化产品开发的理论基础

一、旅游文化产品开发的概念

所谓的旅游文化产品开发，指的是以经济为目标，以市场为导向，将文化旅游资源转化为旅游文化产品的过程中所涉及的一系列调研、规划、设计、生产、经营和管理活动。

旅游文化产品的开发需要综合多方面的因素，其中最为主要的是进行文化旅游资源的提炼，不断地反复筛检最终提炼出最具有潜力的文化旅游资源，并且根据资源的特点来规划设计旅游文化产品和相关的基础设施。在设计的过程中，应该充分考虑市场需求，并且进行市场营销，打造旅游品牌。与此同时，根据旅游资源的聚集情况，开发成体系化的旅游文化产品，并与时俱进，用创新的方法不断提升产品的文化品位，巩固市场，满足不断变化的市场需求。

二、旅游文化产品开发模式

旅游文化产品的开发是一个庞大的市场它的模式有很多种，综合进行分析，根据不同的角度可以划分为不同的类型。例如，按照旅游者参与方式划分，可分为观赏式开发模式、参与式开发模式和组合式开发模式等；按照生产模式划分，可分为全新产品开发模式和升级产品开发模式等；按照旅游资源类型划分，可分为民俗化模式、景观化模式、生态化模式、历史化模式等。

目前来说，我国学者比较认可的划分方法是：将旅游文化产品开发模式分成以下四种。

（一）创意开发型

这是人才导向型开发模式，需要充分的人才资本为支撑，将旅游资源设计开发成新颖、独创的特色旅游文化产品。

（二）原生依赖型

原生依赖型是资源导向型的开发模式，是我国旅游文化产品开发的主流模式。它指的是依赖旅游地现有的文化旅游资源进行浅层次或者辅助性的加工，将经济效益有限的旅游资源转化为具有良好经济效益的旅游文化产品。

（三）整合功能型

这种开发方式特别适合我国发达地区大中城市的旅游经济开发，指的是综合采用上述几种开发模式，实现资源整合、优势互补、共同推动区域文化旅游的发展。

（四）转换价值型

转换价值型指的是将具有文化旅游潜在价值的产业、部门、单位等，在保留原有职能的前提下，开发其文化旅游价值，如农业梯田观光、茶园观光、特色产业工厂参观等。

旅游文化产品的开发就是根据市场需求，结合各个旅游市场的特点设计出适合这个旅游市场的新产品并且提供这个旅游新产品或者对原有的新产品进行改进，以满足市场需求。旅游文化产品开发的过程中涉及的学科理论较为广泛，包括旅游学、经济学、发展学等方面的理论。

三、发展学理论

（一）可持续发展理论

随着旅游活动对生态环境的消极影响问题日益严重，人们开始重新审视人和自然之间的关系。20 世纪 70 年代，斯德哥尔摩联合国人类环境研讨会正式提出“可持续发展”（sustainable development）这一概念。“可持续发展指的是既满足当代人的需求，又不损害后代人满足其需求能力的发展。”旅游业的可持续发展纲领和 5 个发展目标的首次提出是在 20 世纪 90 年代召开的旅游国际大会上，具体内容是：

（1）把人们的整体生态意识提高，加大对群众的宣传，帮助他们进一步了解旅游给经济和环境带来的效应。

（2）促进旅游业的公平发展。

（3）把旅游地居民的生活质量提上去。

（4）把高质量的旅游经历提供给旅游者。

（5）为了保证未来旅游开发，环境质量必须保护好。

（二）如何实现旅游可持续发展

要想实现旅游可持续发展，至少要做到三点：（1）加大力度促进生态旅游的发展；（2）注重资源开发和环境保护的密切关系；（3）合理开发和利用旅游资源。

可持续发展的内涵丰富多彩，涉及经济、社会以及生态三大领域，注重三者之间协调统一的关系，坚持公平性、持续性和共同性原则，提倡在符合自然承载力的条件下进行经济建设，以促进社会发展，提高人类生活水平。

生态旅游的核心理论就是可持续发展理论，可持续发展理论的提出将人们注意力由原来的经济发展速度向旅游地的环境承载力及社会承载力上转移。这一理论是旅游经济、社会和环境综合效益的实现的创新的思维框架。把可持续发展理论运用到旅游业的最佳模式就是发展生态旅游，生态旅游从业人员和旅游者进行生态旅游的活动都应以可持续发展为目标，从而实现经济、社会和环境的协调统一发展的目标，这与可持续发展的理念具有一致性。

四、旅游经济理论

（一）体验经济理论

20 世纪 70 年代，美国未来学家阿尔文·托夫勒首次提出了“体验经济”概念。20 世纪 90 年代末，约瑟夫·派恩与詹姆斯·吉尔摩在《体验经济》一书中对体验经济作了系统性的阐释，指出体验经济是经济产出类型中非常重要的一种，要想让消费者愿意为“体验”买单，一个好的服务是首要前提，进而是一个好的适应消费者的产品，以消费者为中心，创造和设计一些能让消费者参与进来，并值得消费者回忆的活动。而“体验”也是除“产品”“商品”“服务”以外，企业创造的第四种提供物。具体来说，体验的本质是一种能够买卖的经济提供物，是使个人以个性化的方式参与其中的事件。

体验经济的提出对旅游业而言，创造了前所未有的机遇，为旅游资源的开发提供了全新的视角和理论指导。它是继农业经济、工业经济、服务经济之后的又一种新的经济形态。在这种经济形态中，消费者购买的不再仅仅是实实在在的商品或服务，而是一种感觉化的体验。这种经济形态与旅游经济从本质上具有一致性。旅游就是异地体验，旅游经济就是人们去异地体验的全过程中的服务经济。

（二）昂谱（RMP）分析理论

20世纪90年代末，吴必虎提出了昂谱（RMP）分析理论，指出旅游开发应该从三个方面进行评价论证，分别为旅游资源（Resource）、市场（Market）和产品（Product）。旅游资源（Resource）是主题开发立意的基础，主题立意的核心就是资源的特质，包括未开发的原始资源和已开发的旅游资源两部分。市场（Market）调研是主题选择的导向，基于市场空间中的竞争合作空间与游客需求分析，是弹性产品和产品进行选择的导向和依据，产品（Product）是在对旅游资源特性和市场上进行经过精准的研究分析的基础上，通过对旅游地的自然地理背景、社会心理积淀、历史文化传统、经济发展水平等各种内外环境因素的整合和创新利用，最终设计具有主题鲜明，独特的、个性的旅游文化产品。广泛地说，就是围绕旅游文化产品，作R性分析（resource analysis）和M性分析（marketanalysis），并在此基础上作P性分析（product analysis），最后找到旅游文化产品的开发框架。

五、人本理论

旅游人类学理论是旅游学与文化人类学的交叉学科，目前西方旅游人类学的理论框架已具雏形，并出现了一些代表学者。这些学者基本都采用与人类学相似的研究方法和观点，把行为的主体“人”作为研究主体，对游客、旅游业从业者和旅游目的地人民三类群体进行一系列研究。关注目的地社会的人类学者认为，旅游引发了当地社会文化的变迁，所以将旅游看作一种涵化和发展形式；从旅游者的视角来看，研究者们认为旅游活动的结构、功能和人生经历有相似之处，所以可将旅游看作是一种世俗仪式；为了把旅游的成因弄清楚，研究者们去到客源地社会寻找答案，认为旅游是一种上层建筑，是依赖于其他更为根本的社会的因素。

在旅游文化产品开发中，关注不同主体的行为与感受，探究游客的深层旅游动机，挖掘游客需求。因为这种研究角度为文化旅游开发者提供了“以人为本”的开发思路。强调旅游目的地居民利益，力图进行可持续发展。

第二节 旅游文化产品设计开发策略

一、旅游文化产品开发的原则

在开发旅游文化产品的时候，不论前期的开发旅游地，还是之后组合旅游路线，首先都必须深入分析市场需求、市场环境、投资风险、价格政策等诸多因素。然后以对这些因素的分析和比较为依据产生一系列设计方案和规划项目，再把这些方案和项目中既与市场旅游者的需求相符，又与目的地特点相适应，且具有竞争力的选出来，准备开发。旅游文化产品开发中需要遵循的原则主要有以下几点。

（一）效益观念原则

旅游业不仅是一项经济产业，也是一项文化产业，因此在开发过程中其主要目标始终是经济效益的提高，但是社会效益及环境效益也是必须做到的。这也就是说，发展旅游业时，想要把旅游业的综合效益提升，必须从整个开发模式的总体水平去考虑，不能只单一考虑某一方面。

树立效益观念，要做到以下几点：

（1）经济效益要看重。不管是开发旅游地，还是投资某个旅游项目，或是把某条旅游路线进行组合，都必须先研究项目的可行性，再仔细对投资效益作分析，以此来达到最佳的旅游目的地和旅游路线投资开发的经济效益和利益最大化不断提高的目的。

（2）社会效益不可忽视。要想形成健康文明的旅游活动，并对地方精神文明的发展起到促进作用，在选好旅游地，准备进行开发一个规划旅游路线产品设计时，就必须把当地的社会经济发展水平、政治文化以及地方习惯都考虑进去，把人民群众的心理承受能力考虑进去。

（3）生态环境效益不能松懈。为了“保护——开发——保护”的良性循环，创造出和谐的生存环境，应该以旅游文化产品开发的规律和自然环境的可承载力为依据，用开发促进环境保护，以环境保护来促进开发的综合效益的提高。

（二）市场观念原则

对旅游地以及文化产品进行开发时，如果不顾及市场需求，不仅不能吸引游客，也是对旅游资源的浪费和对生态环境的破坏。所以，旅游文化产品的开发必须结合各个旅游地的地域特色同时顺应时代新鲜潮流的发展，也要适应旅游的发展新形势，不断地创新不断地探索消费者的需求，追随或者开拓市场的特点与热点。

随着社会经济的发展，人们的生活水平不断提升，旅游已经从一种有钱人的休闲方式逐渐成为一种大众化的生活方式，旅游者也逐渐变得成熟、理性，旅游主体的这个本身也开始变得多元化、消费者对于旅游需求也开始变得越来越多元化和丰富化、旅游的行为也开始有了自由化不再盲目跟随，渐渐出现了理性化以及旅游消费也变得更加休闲化和体验化。从这也不难看出未来旅游的总体特征及发展趋势：由观赏性旅游变为体验式旅游，由单纯的眼睛看的旅游模式变为了用身心去体验旅游，从中去感受最原始最地域环境特色。旅游的模式开始发生改变这就暗示着我们，不同方面的对于旅游需要同样也很快速的发展起来，旅游者正在不断的提高旅游过程中的质量以及对旅游目的地的要求和旅行活动的质量，从而促使着一些旅游产业正在逐步的形成一个趋于理性和成熟的方向。现阶段旅游产品开发策略的实施要准确把握住这个方向，顺应着市场的潮流发展，不断创新开拓去引领新型旅游产品的时尚。

（三）产品形象原则

旅游文化产品是商品中比较特殊的一种，它是在旅游资源的基础上，把食、住、行、游、购、娱等各种构成旅游活动的要素放在一起进行有机组合，并依据客源市场需求和一定的旅游路线，设计组合出来的产品。因此，并不是拥有旅游资源就等于拥有旅游文化产品了，旅游资源要想开发出适销对路的旅游文化产品，必须与市场需求相结合，经过开发、加工和再创造、有机组合才行。

树立产品的形象观念：第一，要在设计旅游文化产品时，以市场为导向，与客源市场的需求特点和变化相结合。第二，要在旅游资源的基础上，对构成旅游文化产品的各个要素进行有机结合，在对旅游文化产品进行设计和开发时，尤其要注意把文化因素注入旅游文化产品的设计中，这对旅游文化产品的吸引力的增强有很好的帮助。第三，要把旅游文化产品的形象竖立起来，把旅游文化产品的质量、规模及品位等充分考虑进去，让旅游文化产品的特色凸显出来，努力开发具有影响力创新性的拳头产品和名牌产品。第四，要随时对旅游文化产品的市场生命周期进行跟踪分析和预测，以旅游市场不同时期的变化及旅游的需求，及时对旅游新产品进行开发和设计，注意产品设计一定要适销对路，与此同时，要对旅游老产品不断进行改造和完善，保证旅游业的可持续发展。

（四）张扬个性原则

随着社会经济的发展，人们生活水平正在不断提高，旅游已不再是小众的奢侈品，而是已融入大众生活，迎来大众化时代，但这并不代表小众化的旅游需求就不存在。相反，随着人们对精神生活的要求越来越高，个性化的旅行方式逐渐成为了越来越多旅游者追求的方式。根据时代的发展旅游市场在某种程度上受到越来越多人的欢迎，开始逐渐的不断扩大，自由性、选择性也逐渐占据了旅游者的旅行方式，如深度游、定制游等，一般的大众旅游线路和大众多样化的旅游需求相比难免显得单调。综上所述，第一，要想准确把握将要面对的目标客户群体，就必须做到产品种类多元化。第二，针对于他们不同的需要，就要在旅行产品上进行细致的划分，对不同的人群做一个细致的定位和具有针对性的个性创新产品。

张扬个性的亮点在于个性、特色和闪光点，这与其他人是不同的甚至是高于其他人的。要善于发现亮点、创新亮点、展现亮点，因为这样才能够去突出亮点。旅游企业经过不断的生产、回馈、反思总结的发展他们发现了一个很重要的问题，注重产品的质量竞争才真正的受消费者们的喜欢，一味地拼价格只能陷入恶性循环，要通过创新以个性化旅游产品为亮点去占领市场才是最重要的竞争手段。一些旅行社针对有特殊偏好的旅游爱好者，开发个性化十足、有突出亮点的创新产品。

（五）创新概念原则

“概念”占据了消费者们的消费心理，是整个销售推广的主题，产品的营销不仅仅是产品与产品之间的竞争更是产品概念之间的竞争所以在你的产品已有的创新设计的基础上也给它一个明确的“概念”，或者说一个“独特”的说法是很有必要的。给产品一个好的卖点，就相当于给了产品一个概念，这个不同的充满概念的产品外衣上，给消费者一个对待事物充满幻想的心理观念。当你认为你能够将这个观念储存到消费者的心目中时，消费者对于这个产品的好感也就应运而生。一个产品要想让消费者认同、接纳、喜爱、追捧，那他必须有一个好的卖点，这样它在市场中的地位会更加巩固，寿命无限延长卖点是消费者关注的核心，一般说的卖点，其实就是指发掘的产品身上某一与众不同或别出心裁的特色或者优点。这些特色或优点，有的是产品本身就有的，有的则是策划人通过想象力和创造力创造出来的。产品在营销策划、提炼产品卖点的时候，要多站在消费者的角度换位思考。产品营销往往会因卖点的策划而更加精彩。

（六）把握时机原则

任何社会重大事件或热点都有可能蕴藏着发展旅游的契机。时机是特定时间的特殊机会，具有时间限制性。只有抓住时机，审时度势，才能运筹于帷幄之中，决胜于千里之外。但是机会并不是每时每刻都会有的，它具有一定的随机性和偶然性，要想不让时机走掉，必须要多方面观察做足准备；要眼光独特，善于发现时机，把所有有用的机会利用起来，灵活的观察，运用创造性思维把别人没有注意到的或者是不怎么看好的机会变成自己的机遇；还要懂得仔细认真的观察，将微妙的变化收入眼底，发现具有价值的线索，预测较为准确的热点趋势，开发出与众不同的产品。

在日常生活中，社会性节日，地方性节庆活动，社会性重大活动和公众关注的热点等重要时间节点都是捕捉旅游时机的重要线索，这些都是可以成为旅游活动的重要时机，重点关注这些节点，开发与其密切相关的旅游活动产品，会取得不错的效果。

二、旅游文化产品开发策略

旅游文化产品开发离不开旅游地的当地文化特色，针对不同的旅游地资源和开发环境，有着不同的开发策略。我们先不针对各旅游地的旅游文化产品的开发展开说明，后面将具体阐述。

旅游文化产品开发策略要在总体规划布局思想的指导下，对现有景区的发展方向做出规定。新项目须本着“突出重点、兼顾一般、提高质量、注重效果、立足当前、着眼长远”的原则进行实施，这样才能避免重复建设，把不必要的浪费降到最低。

旅游文化产品开发策略应该立足于资源优势，突出差异和特色。有些地区的旅游资源非常丰富，但不可能也不必都开发，而应以旅游资源的差异和特色选择开发项目，确定时序。具体包括资源数量、等级差异、地段差异、开发规模差异和产品内涵差异，由异质性形成特色，由特色形成优势。根据目前态势，古村落和山岳峡谷不宜过多开发，因其同质性强，难以得到市场的认同。

开发过程中，要善于抓重点，出精品。政府要在现有的财力状况下，引导资金投到重点和精品旅游项目上，应集中资源，抓住重点，实施主题开发，构建竞争优势。发展的空间序列也应是由近及远，成片开发，形成规模，同时还要兼顾旅游线路的完整性和交通的便捷性。并且，要根据市场需求变化实现产品的升级换代，旅游产品结构的调整要依据市场需求的变化，分阶段逐步实施。任何一个产业都存在由低级向高级发展的过程，旅游产业也一样有这么一个过程。随着旅游观光向休闲度假的发展，相应的旅游产品也要逐步由观光产品向休闲度假产品调整和升级。

除此之外，还要重点关注历史文化资源和乡村旅游产品的深度开发。有些地区有着很好的旅游产品，如地方戏剧、民间艺术等，应进一步深入开发，使其更有价值和吸引力。尤其是傩戏，可以进行深度开发，使之成为一个具有浓烈中华民族文化特色的节目。要做到像丽江纳西古乐那样，成为每个来婺源的旅游者必看的节目，也要向昆曲看齐，积极申报世界口头传承与非物质遗产。另外，为了迎合城市旅游者休闲度假、放松身心的需求，婺源应利用自身美丽的田园风光、淳朴的民风及古民居等乡村旅游资源优势，着力将其进行挖掘组合，重点开辟几个具有代表性的村落，不仅使游客体验到乡村的风土气息，也可令其参与到日常的农村生活中去，放松身心，享受乡村情趣。

接下来，我们将笼统地针对以下三大领域的旅游产品各自建立适应自身特征发展的系统理论，阐述旅游文化产品开发策略。

（一）创新型旅游文化产品的开发

创新型旅游文化产品的开发理论将结合中国传统美学、系统论、应用心理学、语意学以及设计事理学等多邻域多门类学科，构建完整的设计方法体系。基于民俗文化传统对产品进行创新是创新型旅游产品所看重的，它与传统的手工艺旅游文化产品在继承传统的基础上在重视发展、改变和创新是不同的。创新型旅游文化产品比单纯的旅游纪念更加丰富，因为它不只有民俗文化精髓，还包含创新设计理论和旅游体验。对于旅游产品进行创新设计时可将纪念的意义向游客呈现，表达出最深层次的感情交流和情感的拓展，让游客在旅行的过程当中能够感受到新鲜感，让旅游文化产品的开发展现出自己独有的魅力以及对“特定物”的需求和延伸。

创新型旅游文化产品是对传统民俗文化的升华，是在现代视角下对文化的重新解读。对“产品”的特性进行强调，提升其实用功能、更为灵活多变的人与产品交互方式，使其具有更强大的市场适应力与经济价值。能够实现旅游者在对于旅游产品有着更深层的情感体验，跨越了传统纪念品以造型、工艺传递的“陈述式意义表达”，完成了最佳模式，即游客、产品、文化及不同时空背景下的“交互式甚至引导式意义表达”。

图 6-2-1　纸艺设计产品

如图6-2-1所示的纸艺设计产品，就是将传统文化元素与现代卡通造型整合，属于当下较常见的创新设计方式。其优势是社会接受度高，形象鲜活，较容易完成与受众的情感交互。劣势也较明显，即立意较浅，品质提升需要更多创新方式辅佐。将传统形态要素与现代设计理念结合，将会提升产品自身的市场认可度，使得游客获得独特的旅游体验，使得旅游的附加价值得以增加。

结合系统的开发理论，完成对民俗文化的资源整合与产品的创意开发，既需要考虑到传统文化的意义与价值，又需要兼顾旅游产品能够打动人、使受众对旅游地产生情感共鸣并能体现旅游地特色等方面的旅游产品特质，体现出限定因素多而庞杂、某些影响因素同时具有特色鲜明、排他性强的特点。

（二）创意型旅游文化产品的开发

创意型旅游文化产品的核心特征是跳脱传统民俗文化圈层，立足于现代城市文化的基础上，引领时代潮流和风尚，通过对现代文化以及对当前文化元素的提炼整合还有处理去实现产品的创新点与创意点。针对的旅游地大多是现代、当代先锋文化聚集地，强调特色旅游、定制化旅游以及目的性更为明确的深度游、个性游。对旅游地的深层情感体验，将借由时代感强、造型个性化，产品的使用功能多变、灵活等极具现代气质的元素体现。相对于几千年延续至今的中国传统文化，城市的不断发展带动起来的近现代城市文化如同健壮的青年昂首阔步般发展。针对这些有着清新的时代感、代表着新一代人思潮的所谓时尚、前卫的旅游产品，在地域性特征表达上，正发挥着越来越重要的作用。随着城市发展而不断形成的文化历史相对较短而产业化发展却强劲有力的产品，文化创意手段的推陈出新是其立于不败之地的关键。

创意型旅游文化产品开发的核心是：对文化创意理念的大胆应用以及最大化提升产品的市场价值，做到对市场需求的迅速反馈。创意型旅游文化产品开发应注重新材质运用，将矛盾和强烈视觉冲击融入作品，触动受众心灵，其表达方式比传统文化中庸、平和的挂念。把文化思潮的旅游产品和创意新颖且时尚的特征结合在一起，那么这个旅游产品在当代市场当中会获得一个重要的地位。对这一类创意型文化产品，需要注意到产品市场的适用度以及用户的使用体验和情感体验，突出最根本最真实的实用价值，其营销模式，整体的品牌经营应该具有灵活多变，市场反应灵敏的特点。这样，即使面对国内外游客的挑剔选择的情况之下，也可以占得先机，创下骄人的成绩。当然，开发前提是以出色的文化创意方法作为基础（图6-2-2）。

图 6-2-2　创意家居用品设计

（三）传统手工艺类旅游文化产品的开发

以体现传统手工艺技术为特征的旅游文化产品，如天津的泥人张彩塑、风筝、绒花、剪纸艺术等，由于这些产品的发展历史悠久，产品本身就是一种可以代表该地区的民俗文化符号的存在，因此与旅游产品开发以融入民俗文化符号与科技元素的特征和以将民俗文化符号与时代性，实用性、创新性进行整合的特征是有区别的。这些传统工艺不仅仅是一种民族文化符号，可以用于另外两种旅游产品的开发，同时也是单独存在的一类旅游文化纪念产品，这类产品本身的发展就需要依靠开发策略的扶持。

传统手工艺品历史传承和人们约定俗成的认识，使其处于艺术品与商品之间的尴尬的位置，使这些很经典的传统形象虽然有名气，但是辨识度和商业价值很难被发掘出来。因此，对于传统形象的设计需要更加的深思熟路，步步为营。传统手工艺品这种困难的发展情况，开发可以从如何提高游客的认知度以及如何发展其品牌化、系列化，提高产品的品质感等一些现代化管理理念、营销理念以及衍生设计理念的运用方向上求得解答。

对于传统手工艺类旅游产品的开发，其思路主要是：

第一，通过借鉴不同类别的传统文化符号，在保留原有传统形态造型的基础上，实现向不同类别，尺寸大小的系列化横向延伸。

第二，通过对消费对象的分析，有步骤地适度将传统形态造型与现代设计风格相融合。其间注意保留传统手工技艺在新形态上的体现。实现系列化纵向延展；两个方向的系列化创新思路的核心思想是对传统手工艺的把握（表 6-2-1）。

表 6-2-1　传统手工艺类旅游文化产品系列化分析

方向	侧重点	总结
横向延展	不同地区	不同地区，时间段文化领域文化符合需要考虑相似点和可结合度
	不同时间	
纵向延展	儿童的需求——卡通、可爱的	不同人群对传统文化符号改变的接受程度不同，传统形象的开发空间也不同
	青年的需求——时尚、个性的	
	女性的需求——线条柔美的，色彩丰富的	
	男性的需求——尊贵，有品位的	

如泥人张彩塑，不仅保持了传统模式中对人物生活状态刻画细致入微的制作特性上，并且开发出了有关于国人熟知的国粹艺术作为系列化产品的横向延展，并没有在京剧人物形象上进行大幅度的革新，而是通过泥人张特有的神态表达手法将国粹艺术发扬光大。另一方面是将中国传统习俗如“婚礼”中经典的“掀盖头”动作等民俗文化方面进行系列化设计的纵向延展，将人物形象卡通化，既保留了传统习俗中的喜庆，吉祥的意味，又传达出了一丝诙谐，可爱的意味。

三、以西藏旅游文化产品开发策略为例

（一）西藏文化旅游资源

西藏自治区位于我国西南边陲，面积 122 万平方千米，约占全国陆地面积的 1/8，西藏自治区地处青藏高原腹地，平均海拔 4000 米以上，被誉为世界屋脊。它地势由西北向东南倾斜，有雄峰、高原、宽谷、湖盆，地貌复杂，气候多样，孕育了雪山冰川、草原湖泊、森林瀑布等丰富多样的自然景观。其外与缅甸、印度、不丹、尼泊尔等国以及克什米尔地区接壤，内与新疆维吾尔自治区、青海省、云南省、四川省等省、区相邻。同时，在悠久的历史中，藏民族与生活在西藏的门巴、珞巴、蒙古等其他各族人民共同创造了灿烂辉煌的西藏文化。这种文化除了包括神圣的大昭寺、雄奇的布达拉宫、神秘的古格王宫遗址以外，更有虔诚的信仰、精美的服饰、独特的风俗、精湛的技艺、传统的节庆，它们构成了人类史上独树一帜的雪域文明，并成为西藏发展文化旅游产业的宝贵资源。

不同学者在研究西藏旅游资源过程中，作了不同分类。例如，安玉琴在《西藏文化旅游资源开发现状探析》中，将西藏文化旅游资源划分为远

古文化类、宗教文化类、建筑文化类、民俗文化类、革命文化类、文化名城类等六类。胡海燕、陈波在《西藏50年旅游卷》中，将西藏旅游资源分为地貌、水体、自然保护区、社会风情、宗教及纪念地、博物馆等六类。

按照《旅游资源分类、调查与评价》所列分类方法对西藏文化旅游资源进行梳理发现，西藏文化旅游资源种类众多，数量庞杂，但与内地及其他民族地区相比，呈现出鲜明的历史性、民族性、宗教性及自然文化的和谐型等特点。

（1）从自然与文化和谐角度来看，藏民族在青藏高原生存繁衍过程中，与这里的山山水水乃至一切生灵和谐相处，并赋予它们神异色彩，而独特的自然环境，也深刻地影响着高原的民俗文化，使其具有鲜明而独特的特征。如果以这些特点为主要划分依据，就可以将西藏文化旅游资源划分为四类（表6-2-1）。

表6-2-1　西藏文化旅游资源分类表

文化旅游资源主类	资源分类
历史文化旅游资源	文物、古建筑、遗址遗迹等
宗教文化旅游资源	仪式仪轨、宗教场所、宗教用物和旅游纪念品
民俗文化旅游资源	民族节庆、饮食、服饰、用具、生产生活习俗
生态文化旅游资源	生态自然景观及附着的神话传说、历史故事等

（2）从民族角度来看，在长期封闭且严酷的自然环境下，以藏族为主的西藏先民在与自然斗争的历史中，创造了极富民族特色的文化。种类繁多的婚葬习俗、造型独特的藏式碉房、热情高亢的民族歌舞等，处处带着深刻的民族印记，体现藏民族的鲜明个性。

（3）从历史角度来看，尽管西藏地处青藏高原腹地，但是4000多年前就有先民在此生活。在数千年的历史长河中，西藏曾经是多个文明的发源、汇聚、繁荣之地，在数量庞大的文物古迹上可以深刻体现出历史的烙印。

（4）从宗教角度来看，藏传佛教在西藏兴盛已经有1000多年，其对西藏的历史进程产生过重大影响，并与藏民族的生产生活紧密地联系在一起，成为藏民族最具代表性的文化符号。

西藏文化旅游资源丰富，从不同角度对其资源特征进行分析，可以得出不同结论。西藏文化旅游资源在数量、品级、空间分布上的特点如下。

1. 具有鲜明的特色

张晓娟在《西藏文化旅游开发中的问题与对策分析》中说过：“西藏

文化发源于青藏高原腹地，受藏族生产生活习惯、高原独特生存环境、闭塞的交通条件、宗教教义的影响以及外来文化的融合，兼具原生性、民族性、宗教性、地域性等特点”的同时，西藏文化旅游资源也较完整地保留了原始生态自然与原生民族文化的特征，异族文化特色明显，对旅游者来说具有神圣感和神秘性。在旅游资源等级的评定上，根据清华城市设计研究院和西藏自治区旅游局的调查，西藏现有具有世界影响力的极品级旅游资源 29 处（表 6-2-2），还同时拥有一大批优良级旅游资源，如大昭寺、哲蚌寺、扎什伦布寺等众多藏传佛教寺院如吸引着大批佛教信徒不远万里前来朝拜，布达拉宫、罗布林卡见证着旧西藏政教合一的历史，“马年转山”“羊年转湖”的神山圣湖景色令人叹为观止，悠久的传说更添神秘色彩，雪顿节、藏历新年等传统节日是游客体验藏民族纯真民俗的绝佳时机，这些都在全国乃至世界范围内具有独特性、唯一性及不可复制性的优秀文化旅游资源，为旅游文化产品的开发提供了广阔空间。

表 6-2-2　西藏极品旅游资源一览表

旅游资源类型	极品旅游资源单体
寺庙	大昭寺、扎什伦布寺、桑耶寺、萨迦寺
民俗风情	藏族风情
古城庄园	布达拉宫、古城王国遗址、八廓街（拉萨老街区）
山岳景观	珠穆朗玛峰、南迦巴瓦峰、希夏邦马峰、纳木那尼峰、冈仁波齐峰
雪山	马卡鲁峰、卓奥友峰、洛子峰
河谷景观	雅鲁藏布大峡谷（墨脱）自然保护区
现代冰川	亚弄来果和阿托冰川、恰青冰川
峡谷河段	三江峡谷并流
湖泊	羊卓雍错、玛旁雍错、纳木错自然保护区
其他	珠峰登山大本营、札达土林自然保护区、羌塘国家级自然保护区、普若岗日冰帽、罗布林卡、盐井盐田

2. 具有丰富的品类

根据《旅游资源分类、调查与评价》所列分类方法，文化旅游资源包括 4 个主类：遗址遗迹、建筑与设施、旅游商品、人文活动，涉及 14 个亚类：社会经济文化活动遗址遗迹、居住地与社区、地方旅游商品、现代节庆等，共 84 个基本类型。而西藏文化旅游资源则涵盖了全部 4 个主类和 14 个亚类，拥有 64 个基本类型，占文化旅游资源类型总量的 76%。其中，更多体现民俗风情的人文活动类资源，其包含的 4 个亚类、16 个基本类型在西藏都有丰富的代表性资源。建筑与设施类资源包括 35 个基本类型，占西藏文化资源类型总量的 54.69%。以藏传佛教寺院、唐蕃时期建筑遗迹数量最多，最具特色。

3. 分布较为广泛

西藏文化旅游资源空间分布呈现集中变高、资源特性差异不明显等特征。由于西藏地域辽阔、自然条件差，从而导致历史上人类活动频繁的区域主要集中在“一江两河”（即西藏腹心地区的雅鲁藏布江、拉萨河、年楚河）流域附近，自然条件较好、经济相对发达的拉萨、日喀则和山南地区则成为西藏文化旅游资源集中地，而其中以拉萨为最。而阿里、那曲、林芝等地则远离拉萨等原西藏政治经济文化中心，文化旅游资源各具特色，但数量相对较少。同时，因为历史上先有吐蕃王朝统一高原，后有藏传佛教兴盛传教四方，因此西藏各区域都有历史遗迹、寺院和宫殿等文化旅游资源，各区域的民族风情、服饰、饮食文化和传统节日的差异并不明显，最大区别就是资源数量和影响程度不同。

（二）西藏旅游文化产品的开发环境

1. 西藏旅游文化产品开发存在的优势

（1）中央的顶层设计支持

在中央的大力支持下，西藏自治区把旅游产业作为西藏重要的主导产业和特色产业，给予了全力扶持和充分保障，也使西藏在发展文化旅游产业方面拥有更多政策优势。中央第三次西藏工作座谈会要求“大力发展旅游业”；中央第四次西藏工作座谈会进一步要求，“一定要把旅游业作为支柱产业”；中央第五次西藏工作座谈会提出要“使西藏成为重要的中华民族特色文化保护地”、“重要的世界旅游目的地”，“做大做强做精特色旅游业”。而 2015 年召开的中央第六次西藏工作座谈会又进一步提出“要突出抓好特色产业”，“建设好重要的世界旅游目的地”“把西藏打造成为我国面向南亚开放的重要通道”，“要进一步加大中央对西藏发展的支持力度，充实和完善特殊优惠扶持政策”。当然可以讲为，西藏的稳定和发展与中央的顶层设计是分不开的。

（2）国家对文化旅游产业的扶持

随着社会经济的不断发展，近些年文化和旅游融合发展渐渐成了旅游业发展的一个新趋势，为了实现打造旅游强国的目标，国家层面陆续出台了多项政策，给予文化旅游产业扶持。2009 年 12 月，国务院出台《关于加快发展旅游业的意见》，提出大力推进旅游与文化、体育、农业、工业、林业、商业、水利、地质、海洋、环保、气象等相关产业和行业的融合发展，鼓励"发挥文化资源优势，推出具有地方特色和民族特色的演艺、节庆等旅游文化产品" 2009 年❶，文化部、国家旅游局共同发布《促进文化与旅游结合发展的指导意见》，指出 加强文化和旅游的深度结合，有助于加快文化产业发展，促进旅游产业转型升级)。❷ 2011 年 10 月，中国共产党第十七届中央委员会第六次全体会议通过了《中共中央关于深化文化体制改革推动社会主义文化大发展大繁荣若干重大问题的决定》，指出要"推动文化产业与旅游、体育、信息、物流、建筑等产业融合发展""积极发展文化旅游，发挥旅游对文化消费的作用" 2014 年 8 月，文化部和财政部共同发布《关干推动特色文化产业发展的指导意见》，鼓励各地发展工艺品、演艺娱乐、文化旅游、特色节庆、特色展览等特色文化产业。❸ 这些政策为文化旅游产业的发展营造了良好的氛围。

（3）客源规模增加，旅游消费需求强

根据西藏旅游业发展的重要事件和节点，可以将西藏旅游业发展历程总结为初创阶段（1979—1984 年）、初步发展和曲折阶段（1985—1989 年）、恢复与稳步发展阶段（1990—2005 年）、快速发展阶段（2006 年至今）。根据《西藏统计年鉴 2014》统计，西藏旅游业从 1981 年到 2017 年的 36 年时间里，接待旅游者人数从 8624 人增长为 2561. 43 万人；旅游总收入从 258 万元增长为 379. 37 亿元。总体来看，西藏旅游业从较低的水平起步，但历经较长时间发展，旅游行业的市场规模在随着社会的进步而不断壮大起来，旅游业促进了西藏经济的发展，成为了西藏地区发展的主要核心。

（4）交通设施不断改善

"自西部大开放战略实施后，基础设施建设就是西部大开发的重点领域之一。尤其是 2013 年以来，国家先后提出了建设丝绸之路经济带和孟中印缅经济走廊的构想，进一步推动了西部地区基础设施的建设"。国家为解决长期困扰西藏经济发展的交通瓶颈，通过工人们不断努力日夜奋斗，终于结束了西藏没有铁路的历史，在 5 年间完成了青藏铁路格尔木至拉萨建设工程。在 2014 年，从拉萨至日喀则段铁路正式通车，紧接着拉萨至林

---

❶ 李文秀，李美云，黄斌. 文化艺术产业与旅游产业的融合：过程、模式和效应［J］. 广东行政学院学报，2012.

❷ 张翠爱. 盐城文化旅游产业发展研究［J］. 盐城工学院学报（社会科学版），2019.

❸ 杨凯越. 鲁秀的现代化研究［J］. 现代装饰（理论），2016.

芝段铁路也已开工，“拉萨至日喀则铁路向樟木、吉隆、亚东口岸延伸的方案在研究中，川藏、滇藏、新藏铁路也在论证规划中”。除铁路外，西藏的公路网络及航空业也逐步完善，现已形成“三纵、两横、六个通道”为主骨架，覆盖藏中、东、西三个经济区的公路网。拉萨贡嘎、林芝米林、日喀则和平、阿里昆莎等民用机场均投入使用。交通条件的优化极大地改善了进藏游客的旅游体验，缩短了路途时间，也为旅游业的升级提供了支撑和保证。

2. 西藏旅游文化产品开发存在的制约和挑战

（1）环境承载力有限

西藏大部分地区都处于平均海拔4500米以上的高寒地带，生物生产力低下，高寒灌丛、草原及荒漠在外界压力下容易遭到破坏，一旦被破坏往往很难恢复。同时，西藏地处中印边境，属地质活跃地带、多地震等地质灾害，因气候多变，又常有雪灾、冰雹、暴雨、山洪、雪崩、泥石流、山体滑坡、林草火灾等灾害发生。所以，与其他民族地区相比，西藏旅游资源的生态承载力相对较低。同时，据国内外学者研究，旅游业的发展也可能会对西藏传统文化产生负面影响，可能产生包括传统文化变异、文化个性消失等一系列问题。另外，由于西藏文化资源面广量大，文化遗迹遗存保护任务较重，过度开发易造成难以挽回的损失，这些都给旅游文化产品深入开发增加了难度，使得文化资源保护面临挑战。

（2）季节性特征显著

由于西藏地区地处高原腹地，地形地貌类型丰富多样，但是总体海拔比较高，气候特点为氧气浓度低、昼夜温差大、阳光辐射强等，较易给进藏游客造成身体不适。而西藏又具有明显的季节性气候特点，夏季气候温暖多雨，秋冬季节寒冷干燥，每年5~9月，正值西藏夏季期间，降雨量约占全年降水量的80%~90%，空气相对湿润，含氧量较高，因此成为西藏传统旅游旺季，给基础设施和旅游景点造成极大压力。而秋冬季节因气候寒冷干燥、植被减少等原因，游客进藏游览意愿比较低，造成旅游服务量骤减，这样一来就导致旅游服务设施的闲置浪费，增加了旅游行业的运营成本。

（3）西藏特殊政治环境限制了其开放程度

西藏地处祖国西南边陲，在国家整体安全战略中拥有特殊的重要地位，这也可能意味着西藏在相当一段时期内，对外开放的区域有限。同时，在西藏边境地区的旅游景点也需要国内游客办理完备的边防手续，这也直接增加了国内游客的出行负担，制约了旅游景区（点）间网络的形成，对旅游文化产品的开发造成了一定影响。

（4）旅游从业人才整体素质需进一步提高

目前，西藏旅游管理和经营机构还不够完善，其经营管理水平及服务质量不高，总体素质需要提升，企业经济类、旅游专业类和外语类专业的管理层次人员缺口比较大。这是由于各种历史和地理原因造成的。总的来说，西藏的旅游企业中高级专业人才比较缺乏。并且，旅游业从业人员整体素质不高，如学历水平偏低，大专以上文凭从业者仅占从业者总数的20%左右。由于培训资源和培训渠道有限，现有大中专院校以及社会提供的针对性培训服务和学历教育不能满足旅游众多行业的发展需求。缺乏精通多种语言、深入了解西藏文化的导游人才，直接影响了游客团体接待规模和服务质量，制约了旅游文化产品的推广和传播。

（三）西藏旅游文化产品开发方向分析

1. 西藏旅游文化产品开发的问题

（1）创新性不够

西藏现有的旅游文化产品大部分是传统观光型等基础性旅游文化产品，个别产品从20世纪80年代推出后至今数十年如一日，旅游文化产品形式上千篇一律，缺乏提升创新意识。具体分析，问题包括团体观光线路单一，个体旅游文化产品匮乏；旅游文化产品类型趋于雷同，对文化资源缺乏深入挖掘，产品个性化特征不强，游客戏称为“下车逛庙，上车睡觉”；部分产品展现手法单一，忽视游客个性化体验需求；侧重于旅游文化产品单体开发，综合开发、整体开发意识不强，旅游服务水平不高，影响游客旅游体验。

（2）不清楚文化旅游资源价值

旅游文化产品开发的基础就是认清文化旅游资源的价值。以藏民族为主的西藏少数民族拥有悠久的历史和璀璨的文化，反映在丰富多彩的民族服饰、音乐舞蹈、民居建筑、节庆活动、饮食文化等各个方面。通过研究和分析这些资源，能够形成产品开发的正确思路，进而形成将文化资源转化为旅游文化产品的有效途径。通过转化，这些文化资源既会有观赏、娱乐、休闲、认知、交流等方面的价值，还会产生新的经济价值、生态价值和文化价值。但目前，由于没有清楚认识到文化旅游资源的开发价值，甚至还会缺乏对文化旅游资源的识别能力。

（3）旅游文化产品营销存在问题

目前，西藏旅游文化产品开发中存在的最薄弱的一个环节就是市场营销，主要表现为品牌战略的缺乏和精品战略的缺乏。依据市场营销学理论，品牌作为一种标识，是一种复杂的符号。其持久的含义，应是价值、文化和个性。品牌就是标志着经营者所提供商品和服务的质量、性能、效用满足的程度，以及市场定位、文化内涵、消费者对品牌的认知程度、忠诚度等。目前，西藏虽然已经初步确立了“世界屋脊，神奇西藏”的旅游主题形象，但是在这一形象基础上，还没有形成统一完备的品牌定位、塑造、提升、推广和保护战略，对旅游文化产品向国内外市场推介营销影响有限。此外，旅游文化产品总量较大但是形式单一，大部分旅游文化产品没有经过前期设计、产品试验、市场推介等步骤，很少有受游客认可和市场欢迎的精品旅游文化产品。

2. 西藏旅游文化产品开发策略

(1) 重视文化资源保护

文化旅游资源赋予了文化旅游产品“营养”，若没有了文化旅游资源的灌溉滋养，旅游文化产品就像是无源之水，会由于丧失活力而走向消亡。我们要想有一个好的文化旅游环境就要一起齐心协力的保护我们的文化旅游资源，共同护理旅游环境，进而保护了实现文化旅游的可持续开发。

(2) 根据当地特色打造品牌

近些年来，随着西藏游的热度持续不减，进藏旅游者的不断成熟，旅游者对于旅游文化产品质量的要求越来越严格。这就形成了西藏旅游文化产品开发走向品牌化的重要趋势。对于西藏旅游文化产品而言，需要在分析地方文脉的基础上确定文化的开发方向和主题格调，然后通过整合、转化、融汇等多种方式方法附加在产品的构建当中并且通过这种产品的方式加以表现出来，不断地将丰富的文化内涵赋予在产品之上，进行更多的创造性的升级改造，进而通过产品形式加以体现，并通过不断丰富文化内涵，进行创造性的升级改造，逐渐形成自己的品牌优势。在实际操作中，要依托丰富的人文景观、自然风光、历史古迹以及多姿多彩的民族风情旅游资源，继续发展以“世界屋脊，神奇西藏”为主题的旅游文化产品。从开发内容上来看，重点发展拉萨、日喀则、江孜等历史文化名城旅游，深化布达拉宫、大昭寺、扎什伦布寺、珠穆朗玛峰等享誉国际的极品级旅游资源开发，逐步将其提升为高品质文化旅游景区。要结合国际旅游业新的发展趋势，初步构建起具有“高、精、特”特征的富有藏民族文化内涵的特色旅游文化产品体系，迎合游客进藏旅游探险寻秘的多样化需求，加快发展文化体验型旅游文化产品，通过不断的创新文化的发展，将积极的发展历史文化、生态文化、宗教文化的旅游以及民俗风情的旅游等专题旅游文化产品。

(3) 力图满足市场需求

“旅游文化产品是否符合旅游者的需求，最终将受到市场的检验。拥有广阔旅游市场的旅游文化产品才能具有强大的生命力和较好的经济效益。”与其他旅游文化产品一样，旅游文化产品也是针对一定的市场需求而设计产生的。尽管旅游文化产品开发必须以旅游资源的品质为基础，但是并不是具有一定文化内涵的旅游资源都一定可以开发出具有文化魅力的旅游文化产品。通常来讲，旅游文化产品的开发通常还受到区位条件、现有市场和潜在市场需求等因素的制约。西藏旅游文化产品“开发也必须以市场供求关系和市场导向为核心，针对客源市场特点和变化，对不同层次的市场采取不同的开发模式。市场导向主要工作就是研究不同区域、不同层次、不同消费者群体的市场需求，对市场进行细分，确定目标市场，针对目标市场，对区域旅游资源进行筛选、加工、再创造，设计、制作、组合适销对路的旅游文化产品，并通过各种营销手段推向市场，让资源与市场对接”。“市场机制下的旅游开发模式，首先要关注市场需求，而潜在的需求比现实的需求更为重要，对潜在需求的研究和预测也是旅游规划极为重要的环节和组成部分”。

（4）综合开发

针对于西藏文化，旅游活动的综合性和旅游需求的多样性决定了在旅游产品的开发当中要坚持着综合开发的原则。这意味着要在产品开发过程中，“对文化旅游资源和产品各要素（即吃、住、行、游、购、娱）进行整合，理顺产品生产、供应、销售、服务等各环节关系，使产品开发系统化，配套化，从总体上提高产品的开发质量，提高旅游文化产品的整体吸引力”。

同时，综合开发原则也意味着旅游文化产品开发不应只关注主题产品的开发，还应当关注支撑产品、辅助产品、关联产品的开发，形成完整的旅游文化产品体系。例如，在遗产遗迹类文化产品开发过程中，同时打造集体验性、参与性、娱乐性于一体的旅游演艺产品；在展现主题产品的过程中，开发特色餐饮和旅游纪念品系列，既为主题文化内涵的显现提供更为广阔的空间和氛围渲染，也满足游客的多样性旅游需求。

在保护的过程中，必须发挥政府的主导作用。有步骤地开展文化旅游资源普查，颁布并严格执行资源保护法规，严格审核旅游开发项目，保护自然和文化生态系统，保护历史文脉延续，保证产品开发与西藏的民族文化特色相结合，提高西藏文化旅游业的文化含量。

四、以天津旅游文化产品开发策略为例

（一）天津旅游文化产品现状分析

在这里，我们利用系统性思维方式，讨论对非传统手工艺类的天津旅

游文化产品的设计开发策略，准确地提炼天津民俗文化元素，并且针对旅游文化产品系统的设计需要对这些元素进行打散、重组、归纳以及整合。利用系列化思想完善设计，将民俗特点元素的秩序性、品质感、形象感、民俗传承的脉络感同时明显且清楚地表达出来。放眼于民俗文化和旅游文化产品设计开发的设计理念革新，是对其他相关旅游文化产品开发研究方面的重要补充。

众所周知，天津是一座集历史文化底蕴及现代文明于一身的国际化大都市，而 21 世纪旅游业很明显已经成为全球最大的经济产业，为了参与国际财富分配，分享世界经济增长成果，国内不少城市先后吹响了旅游国际化的号角，天津也是如此。近些年来，天津旅游业发展比较快，但是与此相配套的旅游文化产品的发展却是比较缓慢及滞后的。主要体现为以下几方面。

1. 知名品牌较为缺乏

尽管天津有诸如“泥人张”“风筝魏”这些知名品牌，不过这类的老字号还是比较少的，其他旅游文化产品怎样才能做大做强是困扰天津旅游文化产品发展的问题。品牌的树立不仅有助于产品打开市场，扩大产品的影响力，而且能够大幅度提高旅游文化产品的附加价值，别人仿制商品的时候可以用品牌维护自己的合法权益。

2. 有些旅游文化产品缺乏内涵

民俗旅游所带来的经济效应是比较大的，有不少旅游景区的纪念品只考虑片面的经济效益，而不注重区域特色，只是想着如何利用美观的造型来吸引旅游者，甚至有些商家只是看到其他旅游地哪种纪念品销量大，就会完全照搬别人的商品及销售模式，久而久之这类纪念品不但没有了当地特色，而且随处可见，达到了泛滥的程度。片面追求经济利益，会造成民俗旅游文化产品被机械地随意庸俗化，失去了当地民俗的特色。

3. 特色不明显

民俗旅游的主要依托为鲜明的地区特色，带有鲜明地方特色的旅游文化产品毫无疑问是其真正价值所在。近年来，各地民俗活动渐渐地趋向于同化，如果你敲锣打鼓，那么我也敲锣打鼓；如果你舞龙舞狮，那么我也舞龙舞狮。项目、风格都是雷同的，没有新意、创意，也没有吸引力，民俗旅游正逐渐地失去特色。同时，天津的旅游文化产品设计也渐渐地出现吸引力不足、特色不鲜明的现象。为此，我们需要在纪念品中真正融入天津特色，才会使旅游文化产品持续地受到旅游者的青睐。

如图 6-2-1 的这些旅游文化产品早已泛滥于中国各地，集中国各区域、各时代的诸多特点于一身，十几年风格没有变化且做工粗糙，是当前中国旅游文化产品市场的主要构成。天津一些皮具用品店，售卖用皮子制作的招财猫，皮具工艺特色显著但招财猫本属日本元素，在此基础上该旅游文化产品虽略做创新但还是有较强的日本标志，不能算是具有天津特色的产品。天津特色皮具店售卖的商品，皮质产品本身工艺独特，精致的做工和较为新颖的设计的确是创新类旅游文化产品成功的有利因素，但产品主题多见于中国西藏、云南等地，代表天津当地文化的“银鱼”或与海有关的诸多要素的精髓都未能准确提炼，天津地域性特征表达薄弱。由这些案例不难看出，天津当前的旅游文化产品市场仍处于创新相对薄弱，与之相关的产品价值挖掘不够，文化创意思路不清晰等较为滞后的发展阶段。

图 6-2-1　泛滥于中国旅游市场的旅游

（据钟蕾，李杨，文化创意与旅游产品，2015 年）

天津曾经了提出过一个发展理念，是针对于“大旅游大产业大市场”，针对于这个理念天津着手去深入探讨研究开发和整合旅游资源，密切的关注城市的建设及其总体的城市规划，根据已有的天然好资源，整合开发河、海、山、湖以及近代人文资源。以天津的市中心为例，外到滨海与蓟县，提出了“一带五区”以旅游为重点集合开发的区域，其中包括：海河都市旅游观光带、市中心综合旅游区、蓟县山野名胜旅游区、滨海观光度假旅游区、津西南民俗生态旅游区、津西北现代休闲娱乐区。以周围点为发展基础，以市中心为基准点，集聚开发，综合提高带动发展，形成一个以“点、线、面”为发展优势的发展布局模式，构建一个多方面结合统一发展的现在滨海都市旅游文化产品体系，去塑造一个真正的“渤海明珠，魅力天津”的旅游新形象。天津的旅游文化产品主要特点为：人文景观类产品游客大部分对自己感兴趣的或者热门的地方去游玩，相比之下，去特定的参观某些会对于他们来讲心里有局限性，大部分是被动参观不能够主动的接受；自然景观类产品这一模式尚未发展成熟，缺少休闲娱乐类的，特色旅游类等一些旅游文化产品。现如今，旅游市场的种类繁多，形式齐全越来越受人们的欢迎，规模形式也在不断地扩大，游客们对于旅游的需求也越来越复杂，随着人民生活水平的不断提高，生活质量也在不断优化，游客们对于旅游的需求也在不断增高，趋于个性化和多样化，由于这些原因的产生旅游市场规模的扩大那么竞争力也在不断地增加。主导因素的不断变换也导致游客的流向产生了极大地不确定性。为了在旅游市场竞争中获取到竞争优势，必须要设计有着多样性、个性化、体验性的旅游文化产品，才能够给游客带来特殊的感受及体验，这样才可以在旅游市场竞争过程中存在竞争力。

（二）天津民俗文化旅游资源的开发策略

信仰型民俗文化资源、游艺型民俗文化资源、社会型民俗文化资源、名人故居型民俗文化资源、博物馆和纪念馆型民俗文化资源、经济型民俗文化资源（表 6-2-3）。

表 6-2-3 天津民俗文化资源分类

信仰型（民间信仰和宗教信仰）民俗文化资源	唐代的独乐寺、元代的天后宫、明代的文庙、清代的大悲院和清真寺、民国的西开天主教堂等
游艺型民俗文化资源	杨柳青年画、泥人张彩塑、风筝魏的风筝、绒花、剪纸、民间艺术花会、民间刻砖艺术、戏曲、相声、书画、音乐
社会型民俗文化资源	饮食文化（天津的狗不理包子、十八街麻花、耳朵眼儿炸糕等）、语言文化、人生礼俗、商贸与生产习俗、岁时习俗
名人故居型民俗文化资源	张园（孙中山先生北上经天津时下榻的地方）、静园（清宣统皇帝溥仪退位后来津居住的地方）、资产阶级改良主义考粱启超旧居，早期话剧活动家、艺术教育家李叔同（弘一法师）故居，张学良故居，民族英雄吉鸿昌故居
博物馆、纪念馆型民俗文化资源	天津历史博物馆、吕祖堂义和团纪念馆、觉悟社纪念馆、平津战役纪念馆、周恩来邓颖超纪念馆、戏剧博物馆、民俗博物馆、自然博物馆、艺术博物馆
经济型民俗文化资源	古文化街旅游商贸区、鼓楼商业街

天津旅游文化产品开发存在的特色不鲜明，纪念品文化内涵匮乏等问题，但是天津民俗文化旅游资源的类型十分丰富、特色显著，存在开发民俗风情游的绝对优势，故能够通过灵活运用丰富的天津民俗文化资源来实现旅游文化产品的设计创新。

（三）依托天津民俗文化特色的旅游文化产品的分类

从天津民俗文化的角度分析，天津民俗文化旅游文化产品开发可以分为五大类：信仰型旅游文化产品类；传统手工艺旅游文化产品类；名人故居型旅游文化产品类；博物馆、纪念馆型旅游文化产品类；社会生活型旅游文化产品类。

从现在的市场经济需求角度加以考虑，天津旅游文化产品开发大致可分为三个方向：以体现传统手工艺技术为特征的旅游文化产品开发；以融入民俗文化符号与科技元素为特征的旅游文化产品开发；以将民俗文化符号与时代性、实用性、创新性进行整合为特征的旅游文化产品开发。

民俗文化特征、实用性、纪念性、时代感、科技元素等对非传统手工艺类旅游文化产品开发的特征需求，需要设计人员进行逐层分析，以系统性思维方式，提炼出天津民俗文化元素，分别服务于如名人故居型旅游文化产品类、社会生活型旅游文化产品类、信仰型旅游文化产品类、博物馆纪念馆型旅游文化产品类[1]等各种各样类别的旅游文化产品开发。把民俗文化符号和实用性、时代性、创新性以及科技元素进行整合的旅游文化产品的开发，需要在兼顾各种文化习俗的特点同时也要兼顾一些地域的特征，以此来突出文化旅游产品的纪念性的意义和特点及它的实用性，经过大规模的批量生产来降低成本，真正地实现旅游文化产品的商品化。

北京、天津地区作为京剧的发祥地，在中国京剧脸谱这个传统元素的旅游文化产品的开发方面，其时代感、实用性和纪念性上都没有什么特殊之处。与意大利水城威尼斯的面具有着十分鲜明的对比。如图 6-2-2 所示的威尼斯面具俨然成了威尼斯的代表，此外，这种面具在承载历史传统的同时，跟随时代发展的步伐，不仅保留了原有的华丽、神秘特质，还增加了诸如：海洋、音乐等多种主题（图 6-2-3、图 6-2-4），根据本地区的人文景观、特色建筑以及自然景观等元素不断创新，丰富纪念品的品种。众所周知，天津这座城市有着悠久的历史，具有多种可被利用的传统元素，但是怎样对这些元素进行系统性地开发及应用，提升旅游文化产品的层次，增加纪念品种类，是如今亟待解决的问题。

---

[1] 缪莹莹．新常态、新方位下旅游经济增长潜力与发展动力研究［J］．山东农业工程学院学报，2019.

对于怎样提升现有旅游文化产品的品牌价值以及怎样设计开发体现传统手工艺技术为特征的旅游文化产品等方面内容，因其本身的构成要素与非传统手工艺旅游文化产品有着很大的不同，所以在这里将作着重介绍。接下来我们具体研究非传统手工艺旅游文化产品的开发策略。

图 6-2-2　中国京剧脸谱与威尼斯面具形式对比

（据钟蕾，李杨，文化创意与旅游产品，2015 年）

图 6-2-3　音乐主要面具

（据钟蕾，李杨，文化创意与旅游产品，2015 年）

图 6-2-4　海洋主要面具

（据钟蕾，李杨，文化创意与旅游产品，2015 年）

（四）不同类型旅游文化产品的开发策略

前面我们已对天津民俗旅游资源加以分类，不同类型的旅游资源，很明显，其对应的旅游文化产品的开发策略有所区别。接下来针对不同类型的旅游资源进行具体阐述。

1. 传统手工艺类民俗文化旅游文化产品开发

曲艺源于天津，是中国北方城市有名的“曲艺之乡”，毫不夸张的讲这里的人们差不多个个儿能说会唱，这里吸引了大量的曲艺爱好者，其表演艺术种类形式丰富多样，其地位在中国是非常高的。与此同时，天津还是中国北方文化艺术的一个发祥地，有许多著名的教育家、作曲家、书法家、作家、歌唱家以及民间艺术大师。“泥人张”彩塑、杨柳青年画、“风筝魏”等享誉国内外，这些旅游文化产品都是游客来天津首要考虑选择的。对于传统手工艺类旅游文化产品的开发，需要我们每时每刻掌握社会发展的方向，准确把握市场需求的方向，适度地进行改革、发展、创新。毋庸置疑的一点是，一味的闭关自守，仅仅凭借精湛的技艺，以高高在上的工艺品自居，是难以在不依靠政府扶持等外力的作用下而独立生存下去的。例如，“天津民间艺术剪纸”等类型的传统工艺品就是由于缺乏优良的品牌策划和形式创新而渐渐地失去了作为一门传统技艺的优势。针对传统手工艺类的旅游文化产品开发需要我们具备与时俱进的精神，勇于借鉴国内其他同类民俗工艺纪念品的发展过程进行发展与创新。

2. 信仰型民俗文化旅游文化产品开发

天津的城市民俗和文化的特色之一就是“杂”，这与天津人善于包容的特质是相关联的，天津能够很快地吸纳来自外地的民俗文化，并融合为具有天津特色的文化现象。其中最著名又颇具天津特色的应当是“妈祖崇拜”（也就是天后娘娘），妈祖崇拜在天津传承与漕运相关。妈祖崇拜的传人不仅仅是建了几座庙宇，而是带来了一种船民的文化以及船民的精神。天津人强悍开朗活泼好客的性格当中应融入了这种船民性格。在“妈祖崇拜”传入天津以后，当然也给天津的人们带来了船民及大海妈祖，但是“妈祖”仅仅依靠海上护航的功能是无法满足日益发展的城市生活的需要的，所以人们就扩充了妈祖的功能，天津人已将妈祖崇拜改造成为一种城市文化，使其真正具备了“天津特色”，当然这个改造也成为天津城市文化的一个重要组成部分。但遗憾的是，如今天后宫给游客呈现的纪念品还是没有多少当地文化和结合后的产品特色，天津本身所具有的特色并未得到充分的反映。[1]

以信仰型民俗文化资源为研究对象的纪念品开发将集中在对宗教信仰内容的展示，通过纪念品传达人们祈求生活幸福美满的愿望。由对信仰型民俗文化中特定人、物、事的把握实现通过购买纪念品达到祈福、信仰、留念等目的。

例如，天津古文化街出售的以祈福为主题的旅游文化产品，尽管是纪念币，如图 6-2-5 所示，其产品本身制作精良具有一定的收藏价值，然而却没有发挥出妈祖神作为“护海女神”的护佑意义。同类产品没有能根据不同消费人群的需求及消费特点做定点开发，开发种类少，风格较为单一。

图 6-2-5　妈祖纪念币

（据钟蕾，李杨，文化创意与旅游产品，2015 年）

---

[1] 钟蕾，罗斌．天津民俗文化旅游纪念品开发与对策研究探析［J］．包装工程，2010.

3. 名人故居型旅游文化产品开发

天津是政治、军事、文化的要地，地理位置优越，经济发达，很多人把居住在天津作为首要选择，其中也有大多数的各类名人。例如张园曾经是孙中山先生北上经天津时下榻的地方；静园是清宣统皇帝溥仪退位后来津居住的地方；张学良故居；近代梁启超故居；吉鸿昌故居等。这些故居和遗址都充分反映了天津悠久历史，走入天津就像走入了近代历史，映入眼帘的建筑景观尤不让人们感叹，正是因为这些它成了今天人们所认识到历史，了解历代人物以及天津的历史见证，同时还成为了进行爱国主义教育的基地。这类地方的旅游文化产品可以帮助游客深刻认识和了解天津的当地的名人。❶

4. 社会生活型民俗文化旅游文化产品开发

天津作为一个开放型沿海城市，其民俗文化的发展展示出了一种广泛化、多元化、包容性、平民化的特征。社会生活型民俗文化旅游文化产品的开发，会从两个大的方向展开。一方面，天津的饮食文化、语言文化、人生礼俗、生产习俗、商贸与岁时习俗、民间禁忌等源自百姓生活的民俗文化❷，作为旅游产品，例如天津的狗不理包子、耳朵眼炸糕以及十八街大麻花，被人们叫作天津风味小吃中的“三绝”，不仅享誉全国受我国各民族的喜爱，而且也备受国际友人的喜爱和赞叹。我们可用这些已名声在外的具有传统文化特色的小食，针对于人们喜欢的产品，抓住他的特色开发出对应的旅游文化产品，这样不仅可以让旅游者品尝到独具特色的美味的天津特色小吃，还可以让旅游者将相应的附属旅游文化产品带走收藏。❸另一方面，能够体现人们生活的各种日用产品均属于社会生活型的旅游文化产品开发范畴。所以，怎样把各种民俗文化合理融入所要开发的产品中，会是社会生活型旅游文化产品开发的重要课题。

如图6-2-6所示的这款“酒仙葫芦”酒具的设计，以古代的酒文化和天津的葫芦文化相结合作为一个设计的亮点，着手进行创新设计，酒壶整体的身子造型主要以大葫芦为基本型，壶口做成了斜切的样子，在整个壶身的上面根据形体的样子书写一个颠倒过来的“酒”字，让人们看到的第一眼就会想到“倒酒”，这也就是设计的亮点和这样设计的寓意。配套的酒杯则以小葫芦作为设计的造型，杯口采用随意切割的造型在葫芦项处把

---

❶ 张翠娟，王力峰，王协斌．天津民俗旅游资源开发探讨［J］．乐山师范学院学报乐山师范学院学报，2006.

❷ 张翠娟，王力峰，王协斌．天津民俗旅游资源开发探讨［J］．乐山师范学院学报乐山师范学院学报，2006.

❸ 钟蕾，罗斌．天津民俗文化旅游纪念品开发与对策研究探析［J］．包装工程，2010.

它切开，这样既保证了原始的葫芦的形状让人们耳目一新而且这种造型方便把握适用于喝酒的需求。让喝酒的人们更有意蕴感，并且随套的五个酒杯形态各不相同，摆放在桌子上面的酒杯那东倒西歪的造型姿势，给人一种酒仙醉酒却不倒的感觉。葫芦文化在天津是源远流长，说起葫芦文化有不少民间艺人传承了精湛的葫芦加工工艺，同时一些具有匠人精神的艺人将葫芦文化发扬光大，潜心制作做出千姿百态的葫芦艺术品，当然每一只葫芦形态都不一样，因此各种各样、形态多姿的葫芦集聚成为了天津一个重要的文化特色之一。

图 6-2-6　设计实践案例：酒仙葫芦酒具

（据钟蕾，李杨，文化创意与旅游产品，2015 年）

5. 博物馆和纪念馆以及表演场馆型旅游文化产品开发

天津环渤海、直辖市、北临首都北京、南部与河北接壤，处于有利的地势地位，在近现代历史发展过程中，有许多的民族英雄以及老一辈无产阶级革命家曾经在天津领导过及从事过革命活动，所以天津有着许多具有纪念意义和教育意义的博物馆与纪念馆。其中包括：天津历史博物馆、觉悟社纪念馆、周恩来邓颖超纪念馆、吕祖堂义和团纪念馆、戏剧博物馆、平津战役纪念馆、自然博物馆、艺术博物馆、民俗博物馆等。例如周恩来邓颖超纪念馆，要想做一个好的关于天津的旅游文化产品，就要了解一个地区的地区文化特色和特点，以天津为例，要想做一个关于天津的旅游文化特色为基础的产品，就要深入了解周恩来邓颖的革命精神及高风亮节，提取文化特色结合这些特色尽行创新创作，让人们更为深入的记住这个并且具有收藏价值。如图 6-2-7、图 6-2-8 所示的设计实践案例“周邓纪念馆纪念品'梳情'木梳设计”从多元的周邓文化中提炼出一条圣洁真挚的爱情主线，高尚的情操、超越性的爱，周邓生死相依的长长的一生，惊天地、泣鬼神，令人景仰，以周邓互赠的海棠和枫叶作为一个设计的元素，将这些元素和檀木梳结合在一起。完美地诠释了周邓圣洁纯朴坚贞的爱情。这类旅游文化创意产品不仅可以吸引游客们的注意和兴趣当然也帮助了天津旅游业经济的发展，还可以把周邓文化、天津文化从一个全新的角度展示在游客面前，不仅传播了天津文化而且利用这个吸引游客的创新旅游文化产品还给游客们普及了历史，增长了认知。❶

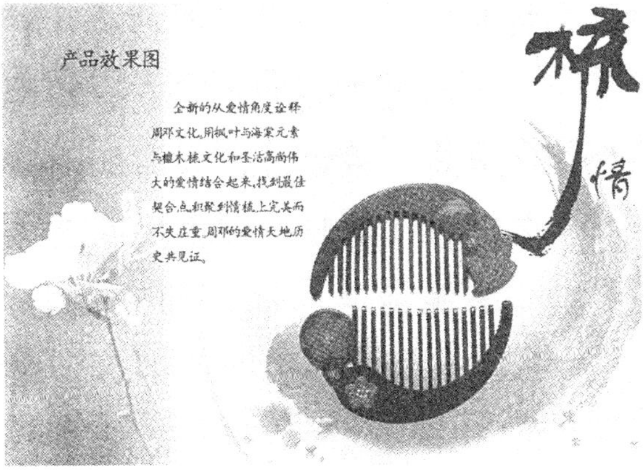

图 6-2-7　“梳”情——海棠系列

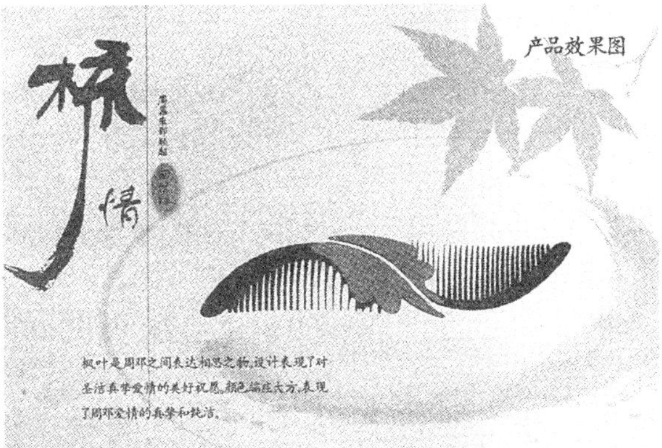

图 6-2-8　“梳”情——枫叶系列

❶ 钟蕾，罗斌．天津民俗文化旅游纪念品开发与对策研究探析［J］．包装工程，2010.

6. 民俗文化旅游文化产品的商业价值体现

旅游文化产品的商业价值的实现，除了要求旅游文化产品自身要具备丰富内涵、特殊的造型特征以外，还要准备产品的展示空间，游客的购买环境，均是产品商业价值得以体现的保障。例如，在日本名古屋的西阵织和服馆，购买和服和参观和服制作工艺的旅游活动被结合在一起。通过对和服制作过程的介绍，人们可以认识和服需要精细的手工及昂贵的布料、严谨的工艺才得以完成。而以参观的形式，人们的购买兴趣也会更强烈。这两个方面共同提高了和服作为旅游商品的潜在价值。

天津古文化街旅游商贸区与鼓楼商业街是各种民俗纪念品最好的展示空间，是天津旅游文化产品市场的代表。古文化街与鼓楼建筑风格准确再现了天津民俗文化的历史风貌。但是用来陈列各色旅游文化产品的各个摊位，则仅仅是展示了展示商品的目的。对于不同价值、不同属性的商品并未从空间布置及格调上展示出来。对民俗文化旅游文化产品的展示空间设计是实现旅游产品优势开发的大大的保障。广泛而缺少特色的产品陈列方式毫无疑问还无法最大限度地发挥民俗文化旅游文化产品的商业价值，只有充分认识到旅游文化产品的展示空间设计，更好地满足消费者的审美需求，才会让旅游文化产品的商业价值最大化地体现出来。

参考文献

[1] 张祖群，张宏. 旅游地策划：文化·创意·空间 [M]. 北京：化工工业出版社，2007.

[2] 王艳平. 旅游规划学 [M]. 北京：中国旅游出版社，2007.

[3] 邹统钎. 旅游景区开发与管理 [M]. 北京：清华大学出版社，2011.

[4] 郭亚军. 旅游景区管理 [M]. 北京：高等教育出版社，2006.

[5] 沈祖祥. 旅游策划 [M]. 上海：复旦大学出版社，2010.

[6] 王衍用，曹诗图. 旅游策划理论与实务 [M]. 北京：中国林业出版社，2008.

[7] 陈扬乐. 旅游策划：原理、方法与实践 [M]. 武汉：华中科技大学出版社，2009.

[8] 卢良志，吴耀宇，吴江. 旅游策划学 [M]. 北京：旅游教育出版社，2009.

[9] 李庆雷. 旅游策划论 [M]. 天津：南开大学出版社，2009.

[10] 贾云峰. 旅游创新传播学 [M]. 北京：中国旅游出版社，2011.

[11] 孙国学. 旅游产品开发与创新研究 [M]. 北京：中国工商出版社，2012.

[12] 费尔德曼著；苏彦捷等译. 发展心理学 [M]. 北京：世界图书出版公司，2007.

[13] 吕志墉. 中国旅游策划创意攻略 [M]. 上海：文汇出版社，2009.

[14] 张光忠. 营销策划 [M]. 北京：中国财政经济出版社，2009.

[15] 周玫. 营销策划 [M]. 武汉：华中科技大学出版社，2009.

[16] 菲利普·科特勒. 营销管理 [M]. 北京：格致出版社，2009.

[17] 周志明. 品牌管理 [M]. 天津：南开大学出版社，2008.

[18] 余明阳，戴世富. 品牌战略 [M]. 北京：清华大学出版社，2009.

[19] 卫军英，任中峰. 品牌营销 [M]. 北京：首都经济贸易大学出

版社，2009.
[20] 谢斯. 网络营销 [M]. 北京：中国人民大学出版社，2010.
[21] 冯英健. 网络营销基础与实践 [M]. 北京：清华大学出版社，2007.
[22] 李泊霆，段淳林. 声浪传播——破解品牌密码 [M]. 广州：南方日报出版社，2009.
[23] 王喜雪. 休闲旅游策划与营销 [M]. 上海：上海交通大学出版社，2011.
[24] 吴国清. 旅游线路设计 [M]. 北京：旅游教育出版社，2009.
[25] 陈世才. 玩家创意——旅游产品的设计与创新 [M]. 北京：北京理工大学出版社，2010.
[26] 陈启跃. 旅游线路设计 [M]. 上海：上海交通大学出版社，2010.
[27] 龚维嘉，程双幸，唐建军. 旅游线路开发与设计 [M]. 合肥：合肥工业大学出版社，2008.
[28] 胡华. 旅游线路规划与设计 [M]. 北京：旅游教育出版社，2011.
[29] 万剑敏，徐玉萍，孙冰. 旅行社产品设计 [M]. 北京：旅游教育出版社，2008.
[30] 王庆生. 旅游规划与开发 [M]. 北京：中国铁道出版社，2011.
[31] 孙国学，赵丽丽. 旅游产品策划与设计 [M]. 北京：中国铁道出版社，2017.
[32] 朱伟. 旅游经济学 [M]. 武汉：华中科技大学出版社，2015.
[33] 钟蕾，李杨. 文化创意与旅游产品设计 [M]. 北京：中国建筑工业出版社，2015.
[34] 沈征，胡亮. 旅游工艺品设计与制作 [M]. 北京：清华大学出版社，2014.
[35] 王静，王玉霞. 首都文化旅游产品质量评价指标研究 [M]. 北京：知识产权出版社，2016.
[36] 沙成禹. 西藏文化旅游产品开发研究 [M]. 上海：上海人民出版社，2016.
[37] 田里. 旅游经济学 [M]. 北京：高等教育出版社，2002.
[38] 沈桂林. 旅游经济学 [M]. 北京：中国商业出版社，2002.
[39] 贾根良. 发展经济学 [M]. 天津：南开大学出版社，2004.

［40］罗明义. 旅游经济学原理［M］. 上海：复旦大学出版社，2004.

［41］罗明义. 现代旅游经济学［M］. 昆明：云南大学出版社，2001.

［42］陶汉军，伍柳，盛嗣清. 旅游经济学简明教程［M］. 上海：上海财经大学出版社，2005.

［43］叶秀霜. 旅游经济学［M］. 北京：北京大学出版社，2005.

［44］李伟清. 旅游经济学［M］. 上海：上海交通大学出版社，2002.

［45］谢彦君. 基础旅游学［M］. 北京：中国旅游出版社，2004.